Mi camino

Mi camino

Orlando Lizama

Para realizar pedidos de este libro, contacte con:
Palibrio LLC
1663 Liberty Drive, Suite 200
Bloomington, IN 47403
Gratis desde EE. UU. al 877.407.5847
Gratis desde México al 01.800.288.2243
Gratis desde España al 900.866.949
Desde otro país al +1.812.671.9757
Fax: 01.812.355.1576
ventas@palibrio.com
618388

ÍNDICE

A mi esposa, María Teresa…

GLOSARIO DE TERMINOS CHILENOS

Arrancarse con los tarros: huir aprovechando el desconcierto, la confusión

Atracar: besar y manosear a hurtadillas

Baby-fútbol: partido de fútbol similar a una pichanga, pero con reglamentos y un árbitro.

Berenjenal: caos

Cabros: muchachos, niños

Cachete: nalga

Cazuela: guiso típico chileno

Choclo: maíz

Cholguán: tabla lisa, generalmente de madera prensada

Choros: personas ordinarias e irrespetuosas

Chueca: deporte indígena similar al hockey, pero sin patines

Cojo: operador de películas en un cine

Combos: puñetazos, trompadas

Comisaría: cuartel de policía

Completos: perros calientes con agregados como mayonesa, aguacate, tomate y picantes

Cueca: baile tradicional

Curados: borrachos

Cuye: roedor, conejillo de Indias

Dar pelota: prestar atención, dar importancia

Dormir la mona: pasar una borrachera

El perla: desvergonzado

Embarrada: error, picardía con malos resultados

Empingorotado: de elegancia arribista

Fonolita: plancha de cartón cubierta de alquitrán usada como protección contra la lluvia

Garabatos: malas palabras, insultos soeces

Guaguas: bebés

Guanaco: carro blindado usado para dispersar manifestaciones con agua

Guatón: gordo, panzón

Hacer una vaca: reunir dinero con un propósito específico

Hacerse el de las chacras: tratar de pasar inadvertido

Huachacas: gente pobre y ordinaria pero muy alegre

Huevón: tonto, estúpido. De esta palabra se derivan: huevadas (cosas sin sentido, estupideces); huevear (hacer cosas estúpidas, pasar el tiempo de manera improductiva).

Humita: especie de tamal cuyo principal ingrediente es el maíz molido

La corta: última parte de un cigarrillo, también el acto de mear en algún lugar prohibido

Lanzas: delincuentes dedicados al robo callejero

Maestro Chasquillas: persona que hace todo tipo de trabajos sin especialización

Malones: fiestas juveniles

Manicero: que vende maníes, cacahuates

Mate: cabeza, también una infusión de yerbas en Argentina, Uruguay, Paraguay y Chile

Meter la cola: influir profundamente

Mojarse el poto: tomar partido en favor o en contra

Moledera o miéchica: mierda, eufemismo

Momio: derechista fanático

Ñata: mujer, término despectivo

Pacos: policías

Paleta: persona de buen corazón, siempre lista para ayudar

Palomilla: niño travieso y de apariencia humilde

Patiperrear: deambular, vagar

Patos malos: delincuentes de poca monta

Patota: pandilla juvenil

Peliento: similar a huachaca, pero despectivoViejo barrio que te vas,

Pichanga: partido de fútbol improvisado y en la calle

Pichula: (pico) pene, pija, polla, verga

Pinchar: coquetear, ligar

Pinche: enamorada

Pino: relleno de una empavada que consiste en carne picada, huevo duro, aceitunas y uvas pasas

Pitucos: término despectivo aplicado a personas elegantes o aristocráticas

Poner el grito en el cielo: plantear una protesta indignada

Porteños: los habitantes de la ciudad de Buenos Aires, también se aplica a los del puerto de Valparaíso

Poto: culo, trasero

Practicante: persona dedicada a prestar primeros auxilios y ejercer algunos trabajos de enfermería

Puntete: golpe dado a una pelota de fútbol con la punta del dedo gordo

Ramada: especie de choza donde se come y se baila

Rasca: ordinario o peliento

Rotos: personas muy humildes e ignorantes, despectivo.

Tandeo: bromas, burlas

Tortillas de rescoldo: pan cocido con cenizas candentes de carbón

Upeliento: izquierdista de la Unidad Popular

PROLOGO

Fui un niño harapiento que creció en un conventillo de la zona norte de Santiago, Chile. Años después deslicé mis pies por los salones de la Casa Blanca donde asistí a conferencias de prensa con el presidente de Estados Unidos.

Retocé en las aguas malolientes de una laguna formada por la lluvia junto a un basural. En el ejercicio del periodismo tomé el sol tirado sobre las arenas blancas de una playa del Caribe.

Recuerdo que las decepciones románticas juveniles fueron muchas. Pero me encerré en el salón de un hotel de lujo de Miami con una ex Miss Universo. (para hacerle una entrevista exclusiva).

En aquellos años lejanos de mi niñez las vecinas del barrio vaticinaban que con el correr del tiempo mis travesuras se convertirían en actos criminales y que terminaría con mis huesos en una cárcel. Hoy camino por las calles del mundo, libre y sereno.

Hubo muchos días de mi infancia en que no tuve qué comer. Décadas después, he cenado en un palacio europeo, he recibido manjares como saludo de Navidad de un presidente mexicano y he estrechado la mano enguantada de una reina.

Fui feliz cuando inconsciente de mi pobreza recorría las calles de Santiago repartiendo noticias. Años después transmití informaciones desde muchas partes del mundo como locutor y periodista profesional.

Mensajero, cuidador de automóviles, vendedor de bebidas gaseosas en un estadio de fútbol, albañil y obrero en una fábrica de muebles; traductor, intérprete, locutor internacional, corresponsal extranjero.

Mi historia no es más que una de tantas, de pocas esperanzas y de felicidad. Es simple, sin angustias ni odios, recriminaciones o venganzas. Nada especial….pero es mi historia.

Y como soy periodista, no escritor, comenzaré contándola por el comienzo, sin argucias literarias.

En este relato, que trataré de que sea cronológico, es posible que en algunas ocasiones me adelante para contar algo. Ofrezco mis disculpas con la esperanza de que eso no llegue a enredar la madeja de mi vida.

UNA NIÑEZ FELIZ

Nací en el pueblo chileno de Melipilla, entre Santiago y el puerto de San Antonio, donde mi padre era un obrero que se encargaba de que no hubiera cables cortados y que no se interrumpieran las comunicaciones del Servicio de Telégrafos de Chile. Guardahilos, le llamaban.

Mi primer nombre fue Orlando porque a mi madre le gustaba entonces todo lo que fuera italiano, según me explicaron mis dos hermanos mayores y mi hermana, Regina. Como era la costumbre de entonces, mi segundo nombre era Jorge pues era el de un tío que las ofició de padrino cuando me bautizaron en una iglesia católica de Melipilla.

Traté de hurgar en mi genealogía durante años. Sólo pude confirmar que mi madre, María Esperanza Madariaga Barraza, provenía de una familia del norte del país y que sus antepasados eran españoles vascos. La de mi padre, Eduardo Lizama Baeza, era del sur del país y sus abuelos habían llegado de un pueblo de Navarra, también en España.

Eso me lo decía una tía a la que nunca le creí mucho porque siempre trataba de darse aires de superioridad sugiriendo algún origen aristocrático y hasta me trataba de convencer de que en nuestras venas corría sangre libanesa.

Así es que me llamo Orlando Jorge Lizama Madariaga, un chileno típico, de origen turbio con genes españoles, tal vez árabes y, sin duda, indígenas.

Pero como era moreno, pequeño, de mechas tiesas, harapiento, y aficionado a meterme en todo, mis amigos me apodaban "El Piojo". En el hogar, y por ser el más moreno de la familia, mis hermanos y mis padres me llamaban simplemente "El negro".

En mis últimos años de la vida periodística mis compañeros se sumaron a la manía que tienen los que hablan inglés y como mi nombre les parecía demasiado largo me llamaban "Orli".

Hubo mucha gente que contribuyó a mi formación, en mis estudios, en mi educación superior y hasta en mi trabajo y por coincidencia, muchas de ellas han sido españolas.

Las he recordado con inmenso cariño y me he puesto a escribir estos recuerdos porque tuve un sueño en el que están muchas de ellas y que comencé a relatar en una carta que con los años se hizo larga, muy larga.

En ese sueño, amigos, vecinos y familiares aparecen siempre en mi infancia, en mis años de estudiante, durante mi trabajo como periodista. Eternamente listos para darme una mano, un trozo de pan, una camisa usada, para acudir a socorrerme, para ofrecerme albergue o un trabajo.

Las primeras imágenes de este sueño son las de una calle polvorienta y pedregosa de mis primeros años, aquella donde jugábamos nuestros partidos de fútbol, donde hacíamos restallar el trompo, donde por primera vez volcamos nuestras miradas para embriagarnos con esas bellezas que pasaban altivas e indiferentes.

Como sólo ocurre en los sueños, me vi rodeado por mis amigos de la infancia, esos amigos que irán apareciendo en este relato de una niñez de aventuras, picardías y también tristezas, de una adolescencia y una madurez tranquilas y felices.

Éramos niños nuevamente. Estábamos haciendo algo en la Avenida Vivaceta, aquella larga calle donde estaba el Teatro Libertad y, a pocas cuadras, la pecaminosa casa de putas de La Carlina.

Era un día de verano. El viento seco soplaba limpiando la acera soleada de la calle y se llevaba al lado del frente oscuro y sombrío papeles y hojas secas que seguían bailando como monos epilépticos.

No sé por qué estábamos todos allí. El Víctor Antonio Luna (El Toño), royéndose los dedos como siempre; Felipe Bray, con un abrigo muy apretado al que habíamos apodado "el condón"; Claudio Gutiérrez, pidiéndole "la corta" a alguien; Enrique Lemarchand, "El Pelao", contando una nueva mentira escalofriante; "el turco" Mario Jadue, vendiendo una camisa para entrar a la galería del cine Valencia.

El Nelson Bravo se comía un completo; Rafael Castro nos avisaba que había concertado un partido de fútbol para el domingo siguiente. El Julio Bray hacía piruetas en el tejado de su casa, y los pacos nos miraban vigilantes a la espera de que hiciéramos alguna barbaridad para salir detrás de nosotros y encerrarnos por algunas horas en esos pestilentes calabozos de la Quinta Comisaría.

También estaban el Italo Turina imitando el caminar de su hermano mellizo, Felipe, quien fue víctima de la poliomielitis cuando era muy niño; el Poto de Botella, que se aprestaba a remendar los zapatos de fútbol para un partido más en las canchas de Conchalí.

Yo, siempre andrajoso, cosía una pelota de trapo y los invitaba a todos a jugar una pichanga, esos partidos improvisados de fútbol en la calle que no terminaban nunca y que tenían con los nervios alterados a todas las vecinas de la cuadra porque hacíamos mucho ruido, porque destruíamos sus pequeños jardines o porque, según aseguraban, éramos un mal ejemplo para los más pequeños.

De pronto me quedé solo. Tenía las manos vacías. Habían desaparecido todos. Las hojas y los papeles de diarios seguían bailando al ritmo de una música silenciosa.

Muchas veces en ese sueño repetido me desperté con una pena inmensa, con una sensación de lejanía y con un gran deseo de volverlos a abrazar y recordar nuestras aventuras y nuestros sueños.

Entre las sábanas y mirando por la ventana hacia el frío inclemente de este invierno norteamericano pensé una vez más en nuestra amistad adormecida, en los que nos hemos ido y en aquellos que ya no están.

¿Cómo volver a compartir y disfrutar de esos días de sol, de irresponsabilidad, de risas abiertas, de burlas, de desilusiones amorosas, de fútbol y de cine: de largas caminatas, de paseos por la playa, de correrías por las tribunas del estadio Santa Laura y de visitas a las amigas de dudosa reputación que nos invitaban desde las ventanas de la calle San Martín?

No puedo más que volver a soñar y pensar que estamos todos juntos, nuevamente. En ese otro sueño somos adultos, padres de familia, personas cargadas de responsabilidades.

Pero estamos felices de habernos vuelto a encontrar. Nos hemos abrazado y nos hemos repetido con la sinceridad de los buenos amigos lo felices que nos sentimos de volvernos a ver.

Y, después de enterarnos de cómo nos va en la vida, comenzamos a vomitar recuerdos. Entre risas más que lágrimas, uno de nosotros, tú o yo, dice... ¿se acuerdan cabros de esa vez cuando........

...algunos meaban desde la parte más alta de la galería del estadio Santa Laura? Era costumbre que al terminar el primer tiempo los huachacas del barrio bajaran a tomar una cerveza, una Coca Cola, o una Bilz.

Era entonces cuando los vendedores exhibían esas empanadas que lucían tibias y sabrosas. Pero antes, en el fragor del partido, alguien había dado la espalda a las incidencias deportivas y sin mayores reparos se había largado a mear desde unos 14 metros de altura.

El viento que soplaba de sur a norte hacía el resto y esparcía la meada sobre las empanadas. ¡Cuánto gozábamos viendo a los hambrientos espectadores del fútbol paladear el pino y la cáscara de la empanada!

...jugábamos al baby-fútbol? Casi siempre teníamos equipo para cualquier cosa. Se tratara de béisbol, de fútbol o a la chueca en la población de Carabineros, de "juegos olímpicos", o de caminatas vagabundas por las calles oscuras y amenazantes de Santiago.

En los partidos que disputábamos en la cancha del club Quintín Vargas, a pocas calles de nuestro barrio, había dos cosas características. Una era que yo habitualmente llegaba a último minuto con las manos en los bolsillos y decía "hola cabros". Me preguntaban si iba a jugar y como siempre respondía: "sí, pero no tengo equipo".

Y empezaba a correr de un lado a otro. Pedía medias a uno, zapatos a otro, pantalones, camiseta. Y finalmente era el primero que salía a la cancha muy elegante, con todo prestado.

La otra era el espectáculo que daba el Felipe cuando abría la bolsa de su equipo. Nunca tuvo la costumbre de lavarlo después de cada partido y cuando la abría había que escapar del mal olor.

Además, la toalla se secaba en la bolsa y cuando la volvía a usar estaba tan dura que se quebraba. Por eso decíamos que el Felipe tenía toallas de Cholguán.

…de cuando fuimos a jugar baby-fútbol fuera de Santiago? Habíamos llegado como los campeones de la capital y teníamos que jugar en el patio interior de la cárcel de Casablanca, un pequeño pueblo entre Santiago y Valparaíso.

Las autoridades del recinto habilitaron los vestuarios en una de las torres más altas desde donde vigilaban los centinelas. Estábamos a punto de comenzar el último partido con nuestros mejores jugadores, cuando se inició un tremendo temblor.

Las viejas chillaban; los presos incomunicados gritaban para que los dejaran salir de sus celdas; las tejas de los muros de adobe caían y nosotros nos afirmábamos en el centro de la cancha.

Fue entonces cuando vimos bajar al Toño en pelotas por la escalera. Su mayor preocupación no era que se le viera algo, sino que no se le cayeran las gafas. Era tanto el susto que las viejas ni se dieron cuenta.

…de cuando el Toño y el Pelao Lemarchand tuvieron que volver a casa del Estadio Santa Laura cargados con tablas y un viejo que desde atrás los apuraba a garabato limpio?

Todo comenzó porque había un partido de los buenos en el estadio Santa Laura y los dos quisieron pasar sin pagar entrada tras escalar uno de los altos muros que rodean al estadio.

Mi padre, que vendía bebidas gaseosas, quiso ayudarles y puso uno de esos enormes mesones donde se instalaban las empanadas para la venta en el lugar donde debían caer. Tenía miedo de que se fueran a romper una pierna, según sus explicaciones avergonzadas.

Pero no calculó el peso y los dos se lanzaron al mismo tiempo. Ambos pasaron de largo y dejaron el mesón totalmente destruido.

Para mala suerte, el dueño de los mesones apareció en esos momentos y se los llevó a la casa del Toño donde su padre prometió que se le pagaría el valor de las tablas y que los niños se darían a la tarea de armar el mesón tal y como era antes de su destrucción. El pobre viejo todavía está esperando.

… le pegaron un hondazo al cuidador de las construcciones? Lo que es ahora la población Las Rosas, frente a la Quinta Comisaría, fue un lugar de construcción de viviendas abandonado durante muchos años.

Allí íbamos a cazar lagartijas que pululaban entre las piedras, los ladrillos y las ruinas. Una vez uno de nosotros se asomó por entre las tablas para mirar las construcciones. Y vio entre los matorrales al cuidador que se había bajado los pantalones para cagar.

Fue algo de no pensarlo dos veces. Con rapidez digna de un vaquero nuestro compañero sacó la honda, la cargó y zás… el piedrazo le dio justo en un cachete interrumpiendo de manera violenta su tarea biológica.

Con los pantalones abajo el viejo lloraba de dolor, ventilaba palabrotas de todas las dimensiones y prometía que al primero que agarrara lo menos que iba a hacerle era mandarlo preso a la comisaría.

Nos burlamos del hecho de que un hombre ya maduro llorara y sus amenazas nos dejaron impávidos porque seguimos subiéndonos a las construcciones y cazando lagartijas durante el verano.

Años después nos enteramos de que había muerto. En el cementerio su viuda nos dijo que como ella nunca había tenido hijos, el cuidador de las construcciones nos consideraba a nosotros como "sus niños", a los cuales vigilaba no para echarnos del lugar sino para cuidarnos y que no nos pasara nada.

Ese día recordamos sus lágrimas y algunos de nosotros lloramos, no como él aquel día sino para ocultar nuestra pasada vergüenza.

…al Polo lo mearon las arañas? Fue una tarde de verano y el Pelao Lemarchand apareció con su último armamento: una enorme jeringa que al parecer usaban los veterinarios del cercano Hipódromo Chile para aumentar el rendimiento de los caballos.

Estábamos contando chistes junto al portón de la comisaría, allí donde había un riel para amarrar los caballos, y frente a la casa del Quico en la calle Guanaco. De repente, en la casa de al lado, vimos que la ventana del segundo piso, donde dormía el Polo, estaba abierta de par en par.

El Pelao sacó la jeringa que para entonces era su armamento preferido. La cargó con agua y disparó desde abajo. El chorro dio en el techo y de allí el agua cayó sobre el Polo, también hijo de un oficial de Carabineros.

Como si lo hubiese picado una serpiente, el Polo se levantó de la cama gritando: "mamá, mamá…me mearon las arañas".

…esa misma jeringa sirvió para apagar un incendio? Junto a la casa del Polo vivían unas viejas españolas muy fieles al franquismo en la Madre Patria y a los dictados de la Iglesia Católica

Cada vez que nos veían se persignaban y nos decían que estábamos destinados a ser unos delincuentes y que para expiar nuestros pecados debíamos ir a misa todos los domingos como correspondía a la costumbre de los ejemplares más religiosos del barrio. De lo contrario, nos esperaba el infierno.

Se vestían a la moda del charleston y, por supuesto, se habían quedado solteras por feas y beatas y para ahuyentar su soledad se turnaban para cantar acompañadas de un desvencijado piano.

Ocurrió que una vez una de ellas se puso a cantar a todo grito esa vieja canción…soy una chiiiiiiispa de fuego…. No fue necesaria una sugerencia y de inmediato, por la puerta entreabierta que daba a la calle, el Pelao disparó su oportuna jeringa.

El chorro acertó de lleno en la cara de la señora cantante a la cual, por primera vez, escuché decir una palabrota muy chilena "Otra vez estos cabros de mierda que no dejan cantar".

...cuando la practicante de la calle Severino Cazorzo nos declaró la guerra? Una de las ventanas de su casa era de aquellas que tenían una especie de alféizar de cemento donde nosotros nos sentábamos a conversar, a darnos de manotazos y decir tonterías.

Se sentaba al otro lado y de manera sigilosa, creyendo que no sabíamos que estaba allí, escuchaba nuestras interminables conversaciones de fútbol, amigos y sexo. Pero una vez fue tanto el ruido que decidió echarnos del lugar. Justo cuando abría la ventana el Claudio Rodríguez se tiró un estruendoso pedo.

La señora gritaba indignada ... "cabros de moledera, encima de meter bulla, se vienen a cagar en la cara de una".

...fuimos de campamento a las Rocas de Santo Domingo? Eramos 12 en una carpa para cuatro personas. Para resolver el problema le agregamos un pedazo de lona que era mi mayor contribución. Estaba lleno de agujeros. Parecía un firmamento en una noche de estrellas.

Estábamos tratando de quedarnos dormidos cuando El turco Jadue y el Tito Pizarro comenzaron a pelear. Al levantarnos para separarlos, la carpa se vino abajo.

...se llevaron preso al Piojo? Era bueno para tirar piedras. Pero una vez se le pasó la mano con las cáscaras de naranja. Venía con una grande, esas de cáscara gruesa. Se comió la naranja y la cáscara le quedó completita. Estábamos casi en la esquina de la Quinta Comisaría. Y él, jactándose de sus proezas, dijo: "apuesto a que le pego a esa mosca".

Dicho y hecho. Le pegó a la mosca que estaba sobre la pared. Pero la cáscara grande y dura rebotó y fue a dar de lleno en la cara de un oficial de Carabineros que se fue de espaldas con el pencazo.

Todos salieron arrancando y el Orlando se quedó en el suelo sin saber qué hacer. El oficial de policía lo agarró de un ala y se lo llevó preso… "Ven p´acá cabro palomilla. Ahora vai a saber lo que es bueno. Vai derecho p´al calabozo".

A los cinco minutos salió el Orlando como escupo por el portón de la comisaría. Limpiándose la tierra y sobándose los cachetes, dijo… "Chihh… no me llevaron náh al calabozo. El oficial me llevó a su oficina y con la ayuda de otro paco me bajaron los pantalones. Luego, el oficial sacó una tremenda espada. Creí que me iban a matar, pero lo único que hicieron fue agarrarme a sablazos en el poto".

…perdimos las presas de pescado? Fue cuando andábamos de enamorados en el popular balneario de Llo Lleo durante unas vacaciones en las Rocas de Santo Domingo. Habíamos ido a una fiesta invitados por las hermanas con las cuales estábamos pinchando. Con poca elegancia pasamos por un lugar y compramos pescado frito y dejamos el paquete en uno de los dormitorios de la casa donde se hacía la fiesta.

Cuando nos retirábamos alguien fue a buscar las presas de pescado y no las pudo encontrar. Una de las hermanas, que era la mayor y a quien yo dedicaba mi atención de amores, salió para decir que el pescado frito se había esfumado misteriosamente. Lo dijo muy seria, pero su cara no podía ocultar las pruebas del delito. Tenía los bigotes llenos de aceite.

…el Jijí perdió su elegancia? Fue en la primera noche de nuestro veraneo en carpa. Para dormir en el suelo el Jijí (el apodo que habíamos dado al Claudio Gutiérrez por su forma de reírse indudablemente) no tuvo mejor idea que sacar un pijama impecable. Por supuesto, todo el mundo lo agarró para el tandeo.

Al día siguiente, cuando preparábamos el almuerzo en la fogata, sacó un juego completo de cubiertos y servilletas. Fue el colmo. Nosotros estábamos allí liberándonos de las obligaciones de comer decentemente y él luciendo pijama en la noche y elegancia a la hora de comer. Después de tantas burlas nunca más en ese verano vimos al Jiji en pijama y comiendo como caballero.

… cuando la abuela del Pelao hizo que se encendieran las luces del Teatro Valencia en medio de una película? Estábamos nosotros arriba en la galería y abajo, elegantemente en la platea, la familia del Pelao y la abuela.

De pronto, alguien lanzó hacia abajo un tarro de conservas que brilló con las luces de la película como una estrella fugaz. No pasó siquiera un segundo cuando se escuchó un alarido estremecedor y un acento muy castizo pues era española: "Mi cabecita, mi cabecita…"

El tarro había dado justo en la cabeza de la pobre señora. Se interrumpió la exhibición de la película. Llegaron los pacos y subieron hasta la galería para ver quién había sido el desquiciado. Nosotros no, pero nunca pudimos sacarnos la sospecha de encima.

…cuando hacíamos víctima de nuestras bromas a don Darío? Era el señor dueño de un almacén de abarrotes junto a la sastrería de don Hernán Mejías y la fuente de sodas de una italiana que había hecho el gran negocio de los churros durante el invierno.

Don Darío era un chileno de origen español extremadamente feo, gordo, calvo, de cutis rojizo y una enorme nariz redonda que parecía un farol.

Entrábamos a su almacén y con cara angelical le preguntábamos… "Don Darío, ¿tiene pan, tiene queso, tiene dulces?" Respondía siempre que sí.

"¿Don Darío….tiene patitas de cerdo?" Iba a responder afirmativamente hasta que se detenía al ver nuestras caras llenas de risa.

Abandonaba el mostrador con la cara todavía más roja pero esta vez de rabia y dispuesto a vengarse con el primero que lograra apresar. Pero después, con una risa resignada, decía como consuelo… "cabros de mierda, otra vez me hicieron caer con la misma bromita".

…cuando casi echan abajo el teatro Balmaceda? Era uno de los cines más pelientos de Santiago. Estaba en la ribera del Mapocho, junto a la Vega y era un virtual centro de reunión de delincuentes, borrachos, vagabundos y prostitutas.

El Pelao, el Toño y yo estábamos en la galería del Balmaceda y habíamos decidido irnos después de ver tres películas seguidas. Pero, antes de hacerlo, se nos ocurrió hacer una bromita que nos pareció muy inocente. Comenzamos a juntar los papeles de diarios que habían dejado los clientes del establecimiento regados por el suelo.

Cuando estaba a punto de dilucidarse el suspenso, metimos todos los papeles en los agujeros por donde salían las luces de la película. En medio de la más absoluta oscuridad, los gritos de "ya puh cojo" pronto se transformaron en un amotinamiento con amenazas de ponerle fuego al teatro.

Nuestra inconsciencia nos llevó a pensar que la situación no era tan grave así que tranquilamente nos sentamos en la cuneta frente al teatro para seguir de cerca el curso de los acontecimientos.

UN MUNDO MAS GRANDE

Mambrú se fue a la guerra,
mire usted, mire usted, que pena.
Mambrú se fue a la guerra,
no sé cuándo vendrá.
(Canción infantil)

Fue unas de esas tardes cuando el sol inclemente había aquietado nuestras travesuras y el grupo se había hecho pequeño, cada vez más pequeño. Quedábamos solo cuatro amigos: el Toño, el Alfredo, el Pelao Enrique y yo.

Los personajes de las primeras andanzas se habían ido. El tiempo que se permitía a sus familias ocupar las casas de la población de Carabineros había expirado. Ya no estaban el Claudio Rodríguez, el Nelson Jiménez, el Marcos, el Quico y el Guillermo.

Peor todavía, el calor de la tarde había hecho desaparecer a todo el mundo. No había a quién molestar, estábamos aburridos del mismo sitio…la cuneta, el poste, la fuente de la Plaza Chacabuco, la población, las construcciones.

Una pichanga de cuatro no atraía a nadie. Poco a poco era menos divertido jugar a las bolitas o al trompo. No éramos suficientes para jugar al "caballito de bronce" o a las escondidas.

Ni siquiera pasaba alguna de las niñas de la población para dejarnos mudos con su belleza e impulsar las eternas preguntas que nos hacíamos sobre el mundo misterioso del sexo.

Era una de esas tardes del verano cuando no había fútbol en el Estadio Santa Laura, no teníamos dinero para ir al cine y el sol nos aplastaba con su aridez inclemente.

Fue entonces cuando a alguien se le ocurrió entrar en guerra con los cabros de la calle contigua, los de la Avenida Chile. Se habían atrevido a incursionar en nuestro territorio más que nada porque nos superaban en número.

Tal vez ese haya sido el primer paso que dimos de la infancia inocente y traviesa a la adolescencia de fútbol, música, romances y cigarrillos; el primer atisbo para la formación de una pandilla juvenil, una pandilla que terminó siendo muy especial con el correr del tiempo.

Por la esquina de la farmacia se habían asomado a invadir nuestro territorio varios cabros que conocíamos sólo de vista. Uno de ellos era el Felipe, otro el Nelson, el Humberto y sus hermanos; el Pepe y el Jaime Albornoz, el Pato Leiva y el Italo Turina. Era algo que no se podía permitir.

Nos dispusimos a declararles la guerra. Había que limpiar la afrenta a combos, o como fuera, esa misma tarde o a la mañana siguiente, cuando no hiciera tanto calor.

Como un ejército antes de una batalla planificamos cómo íbamos a hacerlo, hasta diseñamos una emboscada en la que los rodearíamos y les haríamos prometer no volver a meterse en nuestro territorio.

Pero todos los preparativos para la lucha se desinflaron rápidamente. Una razón importante fue que, en realidad, no éramos un grupo agresivo. Pero, sobre todo, fue porque, cuando llegamos al sitio donde se debía producir el enfrentamiento, "los enemigos" se preparaban para iniciar su propia pichanga.

Entre trenzarnos a puñetazos y jugar un partido de fútbol con una pelota de trapo no había por donde perderse. Todavía hacía mucho calor pero la pichanga, una pandilla contra la otra, era buena forma de lavar la afrenta de que habíamos sido víctimas.

Fue un partido duro, las patadas se dieron por lado y lado. Terminó con el consabido "último gol gana" después de un fragoroso combate.

Fue una guerra que no se libró y que se diluyó sin haber comenzado al caer el sol de la tarde, con soldados transpirados, sucios de polvo y adoloridos por las patadas.

Pero allí empezó una amistad que fue cimentándose con el tiempo y que recibió a otros que se acogieron a ella como los hermanos Mejías, los hermanos Bravo y el turco Mario Jadue.

El dominio territorial se había extendido para incluir no sólo a la calle Guanaco y la población de Carabineros, sino también la Avenida Chile y más allá, a medida que nos iban creciendo las alas.

El punto de reunión dejó de ser el poste del alumbrado frente al almacén de la callejuela Severino Cazorzo. Tácitamente quedó ubicado en un punto intermedio: la esquina de Guanaco y Avenida Chile, donde estaba la farmacia.

Pero se terminaron las pichangas callejeras. Éramos demasiados. Nos habíamos convertido en una tortura diaria para las vecinas del barrio y si veían que nuestro número iba en aumento pondrían el grito en el cielo.

Además, si antes los carabineros nos vigilaban para tenernos a raya e impedir que hiciéramos alguna barbaridad, la creciente patota los iba a impulsar a tomar mano dura con nosotros.

Fue en esa misma esquina donde una tarde a alguien se le ocurrió que teníamos que jugar fútbol en serio, no pichanguear en la calle y correr el peligro de que nos llevaran presos con el aplauso de las agradecidas vecinas.

Entrar a jugar en las divisiones inferiores de la Unión Española, un equipo profesional, era imposible y decidimos ser más modestos y ajustarnos a la medida de nuestros escasos recursos. Nos fuimos a meter a un club de esos de barrio...el Chile-México, una organización de adultos que nos recibió con los brazos abiertos.

Y comenzamos a juntar cabros para armar equipos infantiles. El grupo se siguió agrandando. Entraron definitivamente el Uñeja y su hermano el Keko; los hermanos Bravo, el Julio Bray, los hermanos Mejías, el Poto de Botella, el Cabeza Rota, el Aldo (mi hermano), el Dardignac, el Tito Pizarro, el Guatón Wilson y muchos otros cuyos nombres se pierden en la memoria.

Nunca supe cuál era el nombre verdadero del Poto de Botella. Pero sí recuerdo de donde salió su singular apelativo. Fue en uno de los primeros partidos en los tierrales de Conchalí.

Era un defensa recio y un rival quiso responderle con la misma fuerza. Pero el Poto era pequeño y cuando el adversario lo lanzó de una patada a la acequia que bordeaba la cancha se levantó esgrimiendo una fortuita defensa…una botella rota.

Con ella en la mano, lo desafió diciéndole… "vuelve a pegarme y te corto con este poto de botella". Allí se ganó nuestros aplausos y el apodo quedó porque su atacante se vio en desventaja y se retiró derrotado.

Tampoco me acuerdo del nombre del Dardignac, pero la cuestión tenía connotaciones siniestras. Dardignac era el nombre de la calle donde se encontraba la casa en uno de cuyos patios la policía había descubierto los esqueletos de varias personas.

En esos tiempos pasaba todos los días por la tarde un hombre en una carreta comprando huesos. Nadie se explicaba cómo el Dardignac siempre tenía huesos para venderle. Hasta que alguien reveló que nuestro amigo iba todas las noches al Cementerio General donde recogía la materia prima que le servía para procurarse los fondos.

Me contaron que la historia del "Cabeza Rota" fue simple. Uno de los masoquistas que presenciaba los partidos de fútbol que jugábamos en Conchalí se enfureció porque nuestro centro delantero se había perdido un gol cuando estaba solo frente al arquero.

El espectador comenzó a disparar piedras hacia nuestros jugadores y una de ellas hizo impacto en el "Cabeza Rota" que imperturbable siguió jugando pese a que su cara estaba roja de sangre.

En esas correrías deportivas no éramos exigentes con respecto a nuestros rivales de fin de semana y nos presentábamos en su cancha sin fijarnos que ni siquiera la policía se atrevía a incursionar por las calles tenebrosas que la circundaban.

Una vez fuimos a jugar a unos de esos barrios y nuestros rivales, pese a la pobreza reinante en el lugar, lucían zapatos, pantalones y camisetas relucientes de nuevas.

Pero no llegamos a enfrentarlos. Cuando iba a comentar el primer partido se presentó la policía y arrestó a los dirigentes del club rival. Según reveló uno de los agentes, la detención había sido ordenada tras denunciarse que algunos miembros del club rival habían asaltado una casa de productos deportivos.

En otra ocasión ganamos al primer equipo de uno de esos barrios. Pero los rivales en vez de estrecharnos la mano como buenos deportistas nos despidieron del lugar a pedradas.

Fueron partidos memorables los que jugamos en los tierrales de la calle Guanaco con tres equipos; primera infantil, segunda infantil y juvenil. Allí se destacaron por su calidad los hermanos Mejías, el Aldo, el Keko y otros.

Hubo algunos de excepción por lo malos, como el Pelao Enrique, el turco Jadue y el Felipe, sobre todo cuando se ponía al arco. Nuestra asociación con el Chile-México no duró mucho tiempo. Sin embargo, nuestros deseos de jugar a la pelota persistieron.

NUESTROS LUGARES

Viejo barrio que te vas,
te doy mi último adiós
ya no te veré más
(Los Olimareños)

Fuimos los actores de una niñez feliz, fácil y despreocupada. Añoramos esos días y en estos recuerdos nos rodean personajes, lugares, casas, edificios, plazas, teatros, escuelas.

El Teatro Valencia, la Plaza Chacabuco, el Estadio Santa Laura, el de la Universidad Católica, la Quinta Comisaría, el club Quintín Vargas, el Hipódromo Chile, la calle Guanaco, la Avenida Chile, las construcciones, la Avenida Vivaceta, el cerro San Cristóbal y el Cementerio General.

Muchos ya no existen. Poco a poco los ha ido borrando el tiempo. Pero nosotros no los hemos olvidado.

El Teatro Valencia está todavía en la esquina de la Avenida Chile (que ahora se llama Julio Martínez) y la Plaza Chacabuco. Allí se detenían los autobuses que bajaban hacia Negrete y la Palmilla. Generalmente iban atiborrados de gente.

En esa esquina siempre había un buque manicero de latón que parecía navegar impulsado por el terrible viento invernal de la esquina y le hacía competencia comercial a la confitería del Teatro Valencia.

Fue nuestro punto de encuentro en tantas ocasiones. Allí poníamos a prueba nuestra resistencia. Éramos capaces de vernos tres películas mexicanas de un solo tirón.

El Teatro Valencia era rasca en grado sumo. La platea era la más elegante. Las butacas eran de madera terciada y el piso estaba generalmente encerado con un producto pestilente que no tenía como propósito hacerlo relucir sino exterminar las pulgas.

En más de una ocasión vimos que una rata, un poco menos grande que un conejo, quedaba encandilada por las luces de la película y se paseaba arriba y abajo del escenario sin saber para qué lado arrancar.

Allí se juntaba lo más granado y elegante del barrio; las familias de algunos de mis amigos, los dueños de los almacenes junto a sus hijos, los oficiales de Carabineros, no los pacos rasos…, todos aquellos que iban solamente a ver la película.

Era un ejemplo de las distinciones sociales muy claras entonces en nuestro país. Porque si la platea era para lo mejor del barrio, el balcón comenzaba a reflejar el cambio. Tenía las mismas butacas, pero mucho más descuidadas y rotas. Se llenaba con gente de medio pelo, sin entrar en el terreno de lo peliento.

Fue a ese grupo de espectadores al cual nos integramos con el paso natural de los años; el de los que ocupaban las últimas filas del balcón y las cuales nos íbamos derecho, primero a fumar y tandear y, por último, a atracar.

Arriba estaba la galería. Ese fue el lugar preferido de todos los que integramos el primer grupo de amigos, tal vez los mayores: el Toño, el Alfredo, el Pelao Enrique, el Claudio Rodríguez y yo.

Si ahora nos imagináramos a nuestros propios hijos o nietos en la galería del Valencia nos daría un ataque. ¡Qué hipocresía!

A ella se llegaba tras remontar una larga escalera de cemento gastada y quebrada en el correr del tiempo. En la mitad de la escalinata había un descanso desde donde se entraba a la caseta del operador, al que sin explicación en Chile se le llama el "cojo". Sobre él llovían miles de garabatos todos los días porque la película se detenía y se quemaba. Teníamos que esperar que la reparara para continuar viéndola.

A veces, "el cojo" mezclaba las cajas de lata en las que venían los rollos y nos quedábamos preguntando cómo era que el malo de la película moría en una escena y aparecía muy vivo en la siguiente.

Como la película era exhibida en tres cines del barrio casi al mismo tiempo, "el cojo" del Valencia tenía un ayudante que se encargaba de trasladar los rollos entre uno y otro. Pero a veces sufría algún accidente en su bicicleta y teníamos que esperar horas a que llegara para seguir viendo la película.

A la bajada de la escalera del Valencia siempre había, en invierno y verano, un vendedor de tortillas cuyo manjar más delicioso eran las de rescoldo que competían con el pescado frito de Don Lalo, a pocos metros, o los completos de los billares, al frente.

El lujo de las butacas de madera no existía en la galería. Los asientos eran una sola banca que corría de muro a muro. Había que darse con una piedra en el pecho si uno se sentaba sobre un escupo inocente. Eso era lo de menos, porque habitualmente esa banca era el depósito improvisado de una meada, de algún vómito, o de una cagada.

La galería del Valencia tenía clientes habituales: esos personajes que nunca vimos en posición vertical. Eran los que de alguna manera entraban sobrios y que, a la segunda película, estaban borrachos y dormidos, perdidos en su propio mundo.

A uno de ellos habíamos dado el nombre de una elegante tienda de vestuarios: Falabella. Aseguraba ser millonario porque con tantas infecciones que sufría los médicos le habían inyectado "millones de unidades de penicilina".

También estaban los otros individuos miserables, los lustrabotas de la Plaza Chacabuco, los mendigos cubiertos por la mugre de semanas y semanas, los que habían perdido su dinero en las apuestas del cercano Hipódromo de Chile. Había lanzas, viejas borrachas, gitanos, vendedores de la feria … todo el submundo del barrio.

Allí nos divertíamos entre nosotros y a costa de los demás. Donde muchas veces nos agarramos a puñetazos o desde donde tuvimos que salir arrancando con el corazón en la mano ante el restallar amenazante de una cuchilla blandida por alguno de esos temibles personajes.

Nuestra diversión comenzaba mucho antes de entrar a la galería. Junto a la ventanilla donde se vendían los boletos, se instalaba un ciego. Entre los más pobres siempre existía más esperanza solidaria y por eso el ciego prefería pedir limosna donde éstos sacaban el poco dinero que tenían para pagarse la entrada a la humilde galería. Tal vez le iba mejor.

Pero habíamos descubierto que uno de esos "ciegos" no era tal y que se burlaba de todo el mundo, especialmente de los que se compadecían de él y le daban su limosna.

Nuestro mayor placer, la mejor diversión y venganza más sabrosa era agarrarlo para el tandeo: cuando tenía la mano extendida uno de nosotros pasaba rápidamente y le ponía no una moneda sino una cáscara de naranja o una tapa de bebida gaseosa. Furioso, el "ciego" levantaba sus gafas oscuras y miraba su palma extendida para darse cuenta de que no se trataba de una moneda.

Estaba en medio de su discurso plagado de garabatos cuando otro de nosotros pasaba haciéndose el distraído y le sacaba la cáscara o la tapa de la palma de la mano. La reacción era instantánea: levantaba el bastón y salía corriendo para agarrarnos a palos. En esos tiempos nuestro estado físico era envidiable. Nunca logró alcanzarnos.

No creo que alguno recuerde haber comprado la entrada para la galería en la ventanilla del Teatro Valencia. Los sueldos miserables que pagaba la administración del establecimiento hacían que los empleados asignados para recibir los boletos y vigilar la entrada al sector más humilde del teatro fueran sumamente sobornables.

Así es que la galería se llenaba con una mitad de gente que pagaba su entrada y la otra con los que le pasaban plata al boletero por debajo y lograban ingresar a sus amigos a muy bajo precio.

Nosotros pertenecíamos a este último grupo aunque a veces entrábamos gratis metidos por el Juan, uno de los boleteros, un buen hombre padre de un montón de cabros y más infantil que nosotros. Pero cuando él no estaba teníamos que apelar a otros recursos.

El principal consistía en procurarnos algún dinero, hacer una vaca. Peso a peso, no alcanzábamos ni para una entrada y, generalmente, éramos seis o siete. La solución era la pillería. Desde el pie de la escala uno o dos se asomaban y le hacían señas al boletero mostrándole dinero.

El pobre no ganaba mucho así que la posibilidad de echarse unos pesos extras al bolsillo no podía dejar de atraerle. Preguntaba cuánto teníamos. Uno de los dos le respondía….30 pesos, por ejemplo (la entrada valía 50). Para él dejarnos entrar era un negocio redondo. Sonriente, nos llamaba, agarraba el dinero y decía lo que estábamos esperando… "ya, pasen no más".

Lo que no se imaginaba era lo que venía. Uno de nosotros gritaba hacia abajo: "ya cabros". Y aparecían los cinco o seis restantes que se habían mantenido ocultos.

El boletero, con el dinero en los bolsillos y culpable de haber sido blanco del soborno, no se atrevía a armar un escándalo ni cerrarnos el paso. Y llegábamos todos a la galería a ver esos programas de tres películas en rotativo cuya calidad nos tenía totalmente sin cuidado.

El último era mezclarnos furtivamente en algún grupo y entrar sigilosamente mientras el boletero contaba las entradas.

En nuestros primeros años de andanzas por la galería, que fueron los últimos del peliento Teatro Valencia, solía llevar a mi hermano, Aldo. Este tendría cuatro o cinco años y tampoco le interesaba mucho la trama de las películas.

Su alegría era estar con los más grandes, donde fuera. Para no aburrirse se entretenía en sacar los zapatos a los que dormían su borrachera y lanzarlos hacia la platea. Por suerte, nunca causó heridas a nadie pero sí una estampida general de los pitucos de la platea que huían de la tremenda hediondez.

Nos sentábamos en la parte trasera de la galería. No para ver mejor la película. Era para hacer blanco de nuestra puntería con las cáscaras de naranja, sandías o melones a los pobres que entraban encandilados y nunca podían descubrir quién los atacaba.

En la explosión hormonal de nuestros años también hacíamos competencias para establecer quién la tenía más grande y nos pintábamos fantasías sexuales con la señora del almacén que cada vez que íbamos a comprarle algo sonreía, flirteaba y se agachaba para recoger algo y mostrarnos el misterio de sus pechos lechosos o con "La Gelatina", una muchacha muy elegante que se movía como un flan cuando pasaba frente a nosotros.

También la imaginación sexual se centraba en la Esperanza, una hermosa muchacha de cabello largo y sedoso que agitaba su busto cada vez que la hacíamos apurar el paso para escapar de la tortura que debían significarle nuestros piropos soeces.

Unos más otros menos casi todos andábamos enamorados de alguna de las hijas de los oficiales de Carabineros pero no nos atrevíamos a mencionárselo porque ya sabíamos que no teníamos posibilidades de correspondencia.

Pero no era cuestión de dejarse vencer y por si acaso resultaba les hacíamos empeño a las empleadas domésticas del barrio para ver si alguna nos sacaba del misterio que era para nosotros la sexualidad.

Y hasta nos poníamos serios cuando anunciábamos nuestros planes futuros: uno quería ser ingeniero, el otro aviador, sacerdote, abogado. Yo les anunciaba que pretendía ser profesor o locutor, uno de esos señores de hablar engolado y que mostraban que lo sabían todo. Eso de los astronautas todavía era una cosa de ciencia ficción.

Fue en la galería del Teatro Valencia donde la iglesia, a cuyas misas el Toño y el Alfredo iban regularmente, nos jugó una mala pasada que nos llevó a poner en tela de juicio las prédicas de nuestros mayores que hablaban de la santidad, la bondad y la castidad y pureza de los representantes de esa iglesia.

En una ocasión dejaron de exhibir películas en el Valencia. Fueron remplazadas por un espectáculo de revistas al cual, entre otros, llegaron personajes tan famosos como la Tongolele.

Lo de revistas no sé de dónde lo sacaron. Era más bien una mezcla de comedia picaresca, bailes y actuaciones teatrales, todas muy subidas de tono.

A pocas cuadras del Valencia, en la iglesia de Fátima, había un cura español con cara de borracho, famoso por su severidad. Se persignaba cuatro veces cuando veía a una mujer con pantalones.

En sus relampagueantes sermones ese santo señor prohibía que las jóvenes entraran el recinto con el pelo suelto o la falda muy corta y a la que pillaba cometiendo uno de esos "pecados" la obligaba a rezar no sé cuántos padrenuestros.

El colmo fue cuando llegó el Burlesque, que así se llamaba el teatro de revistas. Sus prédicas contra la voluptuosidad, el sexo y la degeneración moral lanzadas desde el púlpito arreciaron y tenían tiritando a las pobres viejas. Su campaña contra el Burlesque era sin cuartel.

Ninguno de nosotros tenía edad para entrar al pecador Burlesque y los que en varias ocasiones pudieron eludir la estricta vigilancia fueron el Toño, el Pelao y yo, nada más que porque éramos los mayores del grupo y nuestros padres no armaban escándalo si llegábamos muy tarde a casa.

El hecho ocurrió en el momento en que la artista principal del espectáculo estaba a punto de sacarse los calzones al batir de un tambor que acompañaba rítmicamente sus movimientos. La galería estaba en silencio expectante. Los curaditos parecían haber recuperado su sobriedad. Las guaguas habían dejado de llorar. Nadie se tiraba un pedo en la galería.

Guardábamos absoluto silencio para no caer en la mira de los carabineros que venían a disfrutar del espectáculo pero también hacían respetar celosamente la censura y la prohibición de permitir la entrada a los menores.

De pronto advertimos que había alguien que trataba de esconderse mucho más todavía en un rincón, tapado hasta las orejas con un abrigo negro, pero con los ojos abiertos como huevos fritos sin perderse ni un solo detalle del delicado y terso poto de la corista.

Era el cura de Fátima, el siervo de Dios en la Tierra que nos advertía que con el Burlesque había llegado la perdición al Teatro Valencia y a todo nuestro barrio.

El sacerdote estaba perdido en la galería del Valencia y, como nosotros, no quería que ser sorprendido en actividades tan inmorales. Seguro que estaba allí para confirmar sus advertencias.

Fue por eso que durante las misas nos vengábamos de la hipocresía eclesiástica tirando azúcar sobre las baldosas de la iglesia que al crujir aplastada por los zapatos de los fieles interrumpía el sermón del cura y su prédica moralista pronunciada desde el púlpito con acento muy castizo. Tal vez pensaba que su voz tendría así más autoridad.

El teatro Valencia, sin que nos diéramos cuenta, fue la academia donde aprendimos a balbucear nuestros primeros conocimientos de idiomas, inglés, francés y hasta alemán e italiano.

En Chile las películas no son dobladas al español. Llevan subtítulos no importa cuál sea su idioma original.

Hubo un tiempo que las doblaron al castellano y nos parecía muy raro escuchar a John Wayne o a Gary Cooper hablando como madrileño y decir "¡albricias!" o "¡caracoles!" cuando la expresión en inglés había sido mucho más fuerte.

Así es que afinábamos nuestro oído escuchando películas en sus idiomas originales y como las veíamos hasta cinco veces recitábamos los parlamentos sin equivocarnos.

Más aún, el "cojo" del Valencia parecía tener una gran afición por la música romántica y francesa y entre película y película ponía hasta que se rayaban esos discos de 45 revoluciones por minuto con un tema por lado y lado. Sus favoritos eran Charles Aznavour, Yves Montand, Salvatore Adamo y hasta la Edith Piaf.

Nos sabíamos de memoria, cuando ni siquiera era un gran éxito, la canción "Et Pourtant", de Aznavour; recitábamos "Les Feuilles Mortes", interpretada por Yves Montand y esa de "Non, je ne regrette rien" con la voz aguardentosa de la menguada cantante francesa.

Nuestros gustos cinematográficos cubrían toda la gama existente entonces y si nos deleitábamos con las películas de vaqueros y de guerra, también gozábamos viendo las películas mexicanas especialmente las de Pedro Infante, Cantinflas y Tin Tan, así como las recatadas obras que nos enviaba el franquismo con la Carmen Sevilla, Sara Montiel y el Marcelino, Pan y Vino.

El cine chileno prácticamente no existía entonces y las únicas excepciones fueron aquellos años películas de gran éxito como "El circo Chamorro" y "El chacal de Nahueltoro".

Sí que era peliento el Teatro Valencia. Tanto que anunciaban las películas con letras de cartón pegadas con tachuelas sobre los muros de la "antesala".

Una vez llegó a su escenario la entonces famosa Residencial la Pichanga. Era uno de los programas de radio más populares de la época. Cada uno de sus personajes representaba uno de los equipos que militaban entonces en el fútbol profesional chileno.

Con la complicidad del Toño, el Pelao y yo no dejamos pasar la oportunidad de provocar el revuelo general y un terremoto en la administración del cine. Sigilosos, nos metimos durante la noche por entre los barrotes de la reja de hierro que cerraba al teatro, cambiamos las letras y las volvimos a pegar con sus correspondientes tachuelas.

Al día siguiente el orgulloso Teatro Valencia anunciaba a todo el barrio el estreno de "RESIDENCIAL LA PICHULA".

La horrible mole de cemento gris verdoso que difícilmente pudiera ser el orgullo de un arquitecto todavía está allí, envejecida y agrietada. Sufrió el destino de todos esos cines antiguos que no se adaptaron a la evolución democrática en que todo el mundo entra a ver la película a una platea, sin balcón ni galería.

Feo, gris, ordinario, sucio y peligroso, caliente en verano y frío en invierno. Para nosotros, los que primero formamos este grupo de amigos que se mantuvo unido hasta su juventud, sigue siendo un cálido punto de encuentro, un lugar donde fuimos felices.

EL ESTADIO SANTA LAURA

Era el contraste del Teatro Valencia. Y no es que el estadio del club de fútbol profesional Unión Española fuera del otro mundo. Pero la diferencia era enorme.

Está a pocos metros del teatro. Entre ambos se interponían hasta hace algunos años locales y comercios que formaron parte de la historia del barrio. Las Cachás Grandes, los billares, el almacén de Don Darío, la sastrería de don Hernán, el padre de los hermanos Mejías, la pescadería de don Lalo y una churrería, todos ellos en la Avenida Chile. Al otro lado, por la avenida Independencia, estaban la Iglesia de Fátima y el estadio de la Universidad Católica.

Los dos estadios se disputaron la emoción del deporte dividiéndose equitativamente las jornadas futbolísticas del fin de semana. Fue en ellos donde se vivieron ilusiones, donde muchos surgieron a la fama, y donde nosotros disfrutamos de nuestra amistad y de nuestras correrías.

El estadio de la Universidad Católica, en la Avenida Independencia, no sobrevivió a los embates del tiempo. Sus tribunas y galerías de madera carcomida cayeron bajo el avance inmisericorde de las necesidades urbanísticas y de vivienda.

Hoy ese estadio viejo ya no existe. En su lugar hay un conjunto horrible de apartamentos, casi tan feo como el Teatro Valencia.

El nuevo estadio de la Universidad Católica está ahora donde siempre debió estar. Fue construido años después en una zona del "barrio alto" de Santiago, cerca de la Cordillera y donde viven los residentes de mejores recursos económicos que los de la Plaza Chacabuco y el barrio Independencia

El Santa Laura sobrevivió y siempre ha representado a la Unión Española, un club de la primera división del fútbol chileno. Entre sus miembros contó desde su fundación a los españoles que inmigraron a Chile en los albores del siglo pasado y a muchos republicanos que llegaron huyendo de la guerra civil a comienzos del decenio de 1940.

Nunca parece haberles importado que el emblema de ese club sea hasta hoy una copia casi idéntica del escudo que tenía la Madre Patria durante el régimen del generalísimo Francisco Franco.

Todavía se disfruta allí de la intimidad del fútbol, donde desde la galería o de la tribuna uno puede ver de cerca una buena jugada, donde se escuchan la respiración entrecortada de los jugadores, las patadas y las palabrotas que le lanzan al árbitro.

Durante décadas el estadio ha sido la niña bonita de los españoles y eso se nota en su aspecto arcaico y señorial, poco abierto a recibir a quien no tuviera antecedentes españoles o la prestancia de una buena posición económica.

Uno de nosotros quiso en una ocasión ser socio activo del club. Las excusas para que se rechazara su solicitud nunca fueron escasas: "se cerraron las inscripciones", "vuelva el próximo año"; "debe ser patrocinado por un socio antiguo", "no se puede porque es menor de edad". A nadie se le hubiese ocurrido que era discriminación.

Tal vez para recordar que fueron los conquistadores de nuestro país, los españoles lo construyeron como un fuerte. Los pilares de la entrada son dos torres de piedra que forman las columnas de una reja de hierro que en muy pocas ocasiones se abrió para nosotros pues, cuando se trataba de fútbol, era el punto de ingreso a las tribunas o las localidades más caras.

Pero el estadio Santa Laura no siempre fue sinónimo de fútbol, el deporte más popular de Chile. Detrás de las tribunas hay una piscina. Más allá de la galería hay otra cancha de entrenamiento circundada por lo que en alguna ocasión fue un velódromo. También tuvo entre sus instalaciones deportivas un frontón donde se practicó la pelota vasca y dos canchas de tenis.

Siempre dio para todo. Fue escenario de un espectáculo de motos con equilibristas, combates de boxeo, circo, presentaciones de cantantes, orquestas, un campeonato sudamericano de béisbol y competencias de natación.

En la piscina el grupo de amigos creció más todavía. Nos comenzamos a conocer con los hermanos Mejías, con Felipe y Julio Bray, con Ruperto, el que después sería oficial de Carabineros, o con los hermanos Albornoz, el Pepe y el Jaime.

Atrás de la piscina jugábamos sudorosas pichangas a pata pelada y con pelota de fútbol. No sólo había que ser bueno para pegarle al balón sino también había que ser fuerte y aguantarse el dolor en el dedo gordo. Uno de los más valientes era el Pelao cuya técnica y habilidad futbolísticas nunca pasaron del puntete.

Siempre fuimos deportistas de temporada. En una de ellas teníamos patines y librábamos fragorosos partidos de hockey en la población de Carabineros. En otras, nos concentrábamos en el fútbol y las pichangas eran el terror de las vecinas que mandaban a los carabineros a que nos quitaran la pelota.

Hasta organizábamos nuestros propios juegos olímpicos. Nos reuníamos en un sitio eriazo de la Población de Carabineros y hacíamos competencias de carreras ida y vuelta hasta la Plaza Chacabuco, salto alto y salto largo y hasta de lanzamiento de la bala, que no era otra cosa que una piedra de dos o tres kilos, según la categoría del lanzador.

En la mayor parte de Chile las estaciones son muy marcadas y para nosotros cada una de ellas traía la promesa de una actividad diferente: en verano, todo era playa y torneos en la piscina; en otoño, la escuela, las bolitas y el trompo; en invierno, los billares y el cine; en primavera, los volantines que elevábamos desde los techos de las casas del barrio.

Para el fútbol no había problema de estaciones, lo jugábamos todo el año. En las canchas de tierra de Conchalí en el verano, o en los lodazales del invierno en la calle Guanaco.

Nuestro frenesí no tendría nada de raro si no hubiese sido porque también practicábamos un deporte poco conocido en Chile. Después de un campeonato sudamericano de béisbol nos dio la onda del deporte de las carreras y los jonrones.

Usábamos al principio un palo burdo y pelotas de trapo. Después el Pelao comenzó a fabricar bates y caretas para el cátcher. Luego, conseguimos guantes. Llegamos a jugar con un grupo de gringos en el parque Cousiño, ahora llamado Parque O'Higgins.

Como el béisbol nunca fue un deporte popular y no había equipos, los rivales de casi siempre fueron los cabros de la que llamábamos "la población fantasma" en la calle General Saavedra.

Nos aburrimos de jugar con ellos en el patio del Liceo Gabriela Mistral y nunca logramos que alguien más se aficionara a ese deporte.

Pero nuestra actividad incansable no se limitaba a los deportes físicos y a la asistencia casi semanal a los estrenos cinematográficos del Teatro Valencia. También cultivábamos y desarrollábamos nuestras capacidades intelectuales.

Entre pichangas y los juegos a las bolitas y el trompo, los partidos de fútbol o los paseos por las pecaminosas calles de San Martín, algunos leíamos los que nos caía encima.

Empezamos con las revistas de monitos y continuamos con las novelas de aventuras para concluir con las pornográficas, de vaqueros y hasta históricas, incluyendo una larguísima de cinco tomos llamada "Adiós al Séptimo de Línea" sobre la Guerra del Pacífico.

Además, hubo un tiempo en esas frías tardes y noches de Santiago que nos reuníamos para jugar ajedrez y nos amanecíamos en torneos que organizaba el vendedor de revistas de la Avenida Chile, frente al estadio de la Unión Española.

El Santa Laura tuvo un personaje de nuestras fantasías ... el señor Paredes. Pedíamos permiso para ir al estadio y la pregunta siempre era la misma: "Pero niños ¿cómo van a entrar si no tienen dinero?" La respuesta también siempre era la misma: "el señor Paredes nos deja entrar gratis".

Nunca supimos si alguna vez nuestros padres se dieron cuenta de que lo que en realidad hacíamos era escalar las altas "PAREDES" del recinto para entrar sin pagar a la piscina o para ver el fútbol.

El estadio Santa Laura también fue un personaje de nuestras vidas. Como lo fueron la Plaza Chacabuco, la población de Carabineros, la avenida Chile o la calle Guanaco.

LOS BILLARES

Otro lugar de nuestras correrías fueron los billares de don Rigo, un antro de peligrosos delincuentes, por la calle Vivaceta, detrás del Hipódromo Chile. Para llegar a los billares de don Rigo había que entrar por un pasaje tenebroso que nunca, con nuestra inconsciencia infantil, nos preocupó demasiado.

Nos pasábamos tardes enteras dándole vueltas a una mesa de pool, hablando tonterías y burlándonos de nosotros mismos. Quien más sufría era el Alfredo que ganaba el campeonato de los malos. Decíamos que para lo único que era bueno era para hacerle la paja al taco. Siempre era el último.

Otro que sufría, pero desde afuera, era el Mauricio Mejías, uno de los más pequeños del grupo. Nunca llegó a conocer los pools de don Rigo. Cada vez que íbamos se quedaba llorando porque no lo llevábamos a lo que denominábamos "la piscina" (the pool).

Era un gran nadador y no comprendía por qué en las frías noches de invierno lo abandonábamos y no permitíamos que nos acompañara a la "piscina". Ninguno tenía la edad legal para entrar a los billares y jugábamos siempre vigilantes para salir arrancando ante la llegada de los pacos.

En una de esas ocasiones se hizo presente en el lugar y de manera sorpresiva uno de los carros celulares de Carabineros y los policías comenzaron a agarrar a los desprevenidos. Casi todos arrancaron.

Creo que para esa época había comenzado a mostrar mi vocación de periodista. No escapé para ver de cerca lo que estaba ocurriendo. Haciéndome el de las chacras me acerqué a uno de los oficiales y le pregunté: "¿Qué está pasando, mi cabo"?

El oficial me miró y sin dudar un momento replicó: ¿"y a voh qué te importa, cabro huevón?" "¿Que edad tenih, ah?"

No tuve posibilidad de escape cuando el oficial me agarró de un ala y me metió al vehículo patrullero junto a todos "los patos malos" que habían sido la cosecha de la redada policial.

Estuve un par de horas encerrado en una pequeña celda con una decena de hombres que no entendían por qué me encontraba allí si era un niño a todas luces inofensivo. Mi único delito había sido meterme a jugar en los billares sin tener la edad permitida. Me pusieron en libertad a las pocas horas. Frente a la comisaria, sentados en la cuneta, me esperaban el Toño, el Alfredo y el Pelao Enrique.

Después de que les relatara lo que había ocurrido, como buen aprendiz de periodista, nos fuimos a jugar otra partida de pool a los billares de don Rigo.

El Estadio Santa Laura, la Plaza Chacabuco, el Teatro Valencia, la calle Guanaco, el farol de la esquina, la Quinta Comisaría, los billares de Don Rigo, la panadería de los españoles en la esquina de la Avenida Independencia.

He vuelto muchas veces a esos lugares y cada uno de ellos me ha recordado estas aventuras. Los niños siguen jugando sus pichangas pero ahora en calles asfaltadas y con pelotas si no verdaderas al menos de plástico.

Otros ya no juegan al trompo o a las bolitas. Presionan febrilmente botones del último juego electrónico. No se suben a los árboles ni a los autobuses sin pagar y conocen la ciudad montados en los modernos automóviles de sus padres.

Parecen tan felices como lo éramos nosotros.

DON RAFA

En nuestra infancia hubo un personaje mayor que ejerció, casi sin quererlo, una enorme influencia. Rafael Castro, conocido por todos simplemente como Don Rafa, era uno de los socios del Chile-México cuando llegamos allí para jugar a la pelota. Con nosotros se le reveló una vocación especial, un apostolado que todos admiraban y respetaban.

Se trata del eterno caso de las personas que parecieran ofrecer su vida por una causa pequeña. La suya era esa tan típica de nuestros países donde hay dirigentes deportivos capaces de gastar dinero de su propio bolsillo para poner en marcha un equipo. Hasta se olvidan de sus propias familias.

El Rafa de aquella época era así. Lo elegimos por unanimidad y sin que el mismo se postulara como presidente de nuestro club.

Pero también se desempeñaba como director técnico, utilero, lavador de camisetas, concertador de partidos y lo que fuera para que estuviéramos nosotros en la cancha, y él desde el borde sufriendo de los nervios y recolectando plata para las bebidas.

Como no podía dejar de ocurrir era habitualmente blanco de los garabatos de todo el mundo: unos porque quedaban descontentos con su "táctica"; otros porque salían sustituidos del partido, y otros por el simple afán de manifestar su rebeldía.

Fue con el Rafa, una vez parados en la esquina de la farmacia, que alguien pensó que se había puesto un poco aburrido jugar todos los domingos por nada más que el resultado. Había que buscar un desafío mayor, algo por qué luchar.

La idea fue automática. En Conchalí se estaba organizando un campeonato para equipos infantiles y juveniles y nosotros podíamos participar. Al principio teníamos dudas.

No teníamos un club, ni nombre, ni sede. De socios, ni hablar. No teníamos respaldo económico de ningún tipo, ni cancha donde recibir a nuestros rivales. Nunca habíamos estado en algo similar, éramos solamente un grupo de amigos. Después de tomar la decisión de asumir el reto, muchos dijeron que se sentirían felices si ganábamos uno que otro partido.

Fue allí cuando se reveló la figura del Rafa. Comenzó a reclutar jugadores, a armar equipos, juntar, lavar camisetas y medias. Su casa era un desfile constante de futbolistas. Muy pocas veces se enojó con alguno. Su paciencia era infinita y sus esfuerzos incansables.

Fue nuestro primer y único campeonato de fútbol en cancha grande. Ganamos muchos partidos, goleamos y nos golearon. Nos agarramos a puñetazos y patadas.

Nuestro equipo juvenil llegó a la final contra el Barrabases de Conchalí. Fue el peor equipo que nos podía tocar. Era difícil pensar que siquiera alguno de ellos cumpliera con la edad reglamentaria. Además, la mayoría tenía una cara de delincuentes que nos ponía irremediablemente nerviosos.

UNA GRAN VICTORIA

Algunos de los miembros del equipo que salimos a jugar el último partido de nuestro único campeonato fuimos el Toño, el guatón Wilson, el Poto de Botella, el Lolo Cerón y el Leyva (estos dos últimos jugaron en primera división después), el Tito Pizarro, el Ruperto y otros que no están en la memoria.

El campeonato parecía haber sido organizado para que se lo llevara el Barrabases de Conchalí. Pero dimos la sorpresa y ganamos por dos goles a uno en el último encuentro del torneo.

Fue un partido jugado con el alma de cada uno y la del Rafa que, desde el borde de la cancha apretaba los puños empujándonos y dándonos ánimos mientras el Claudio –sentado sobre una piedra– reía nervioso con su característico "jiji".

El último gol fue un símbolo de la personalidad de uno de los miembros más queridos del equipo. Estábamos igualados 1-1, faltando unos 10 minutos para que terminara el encuentro. Podía ocurrir cualquier cosa y el Rafa seguía sufriendo.

Un defensa del equipo rival hizo víctima de falta al Toño en el medio campo. El tiro libre fue servido hacia la izquierda desde donde apareció el guatón Wilson.

El guatón Wilson había llegado desde el norte, desde Tierra Amarilla, y como buen nortino su característica principal era la dureza, el empuje, sin mucha calidad técnica. No era el tocador de pelota, el preciosista. Se lanzaba sin asco con todo hacia adelante, sin importar las consecuencias, haciendo el quite a las patadas, aguantando golpes y empujones, metiendo la pierna fuerte.

A duras penas se anticipó a un defensa. Entre el tierral vio el arco y a tropezones buscó el objetivo. Acosado por los rivales y por defensas mucho más grandes logró superar las últimas marcas y medio cayéndose consiguió colocar la pelota a un costado de la valla. El arquero pudo tocar apenas el balón que entró lentamente hasta las remendadas redes.

Nos abrazamos todos en el centro de la cancha y en medio de toda esa alegría don Rafa seguía sufriendo. Había que aguantar todavía unos minutos más. No hubo problemas. Teníamos buen estado físico y el campeonato fue nuestro.

Habíamos logrado algo que ahora se ve mucho en las películas, muy endulzado y en colores: un grupo que no tiene posibilidades y que –contra viento y marea- logra un objetivo que por un momento pareció inalcanzable.

Ninguno de nosotros supo si hubo algún reparto de premios o algún trofeo por ese campeonato. (Los organizadores no quedaron muy felices con el resultado). En realidad, no nos importó mucho.

Cada uno recuerda esos días felices y se da cuenta que no hubiesen ocurrido sin el presidente de nuestro club, director técnico, utilero, concertador de partidos y lavador de camisetas.

En esos años ninguno podía darse cuenta del enorme ejemplo que fue para cada uno. Además de "hácelotodo" del equipo, era el mejor conductor. Nunca nadie lo vio desmedirse en sus actitudes. Fue correcto con todos. Su pasión eran su trabajo, la familia y la chorrera de cabros que lo seguían a todas partes y que golpeaban su puerta a cada rato para consultarle sobre el próximo partido.

Compartía cigarrillos con los más grandes y comentarios con todos los demás. Nadie puede negar que su comportamiento con todos los jugadores del club fue un buen ejemplo que muchos han logrado seguir.

UN TERREMOTO

La pasión de don Rafa no terminó allí. Disminuido el equipo para el fútbol con todas las de la ley, siguió atesorando a sus seguidores, formando equipos de baby-fútbol y cumpliendo con su multiplicidad de tareas.

Una vez llegamos al pueblo de Casablanca, entre Santiago y Valparaíso, bajo una ola propagandística de sus autoridades que nos anunciaba como "los campeones de Santiago".

Los rivales eran los miembros de un club local y ofrecían el patio de la cárcel como escenario de los partidos que debían jugarse desde la mañana.

Como suele ocurrir en estos paseos deportivos, los que hacen de local usan el subterfugio de la hospitalidad para debilitar a los adversarios. Antes del encuentro, nos brindaron empanadas, cazuela de ave, pastel de choclo, humitas, ensaladas de cebolla con tomate, con vino tinto y blanco, además de sandías y melones de postre.

Por supuesto, al entrar a la cancha estábamos o medio borrachos o medio indigestados de tanto comer y en total desventaja ante nuestros rivales, algunos de los cuales eran "huéspedes" permanentes del recinto carcelario.

El primer equipo no aguantó y entre vómitos al borde de la cancha y gritos de auxilio fue derrotado sin apelaciones. El segundo anduvo más o menos y logró sacar una victoria agónica.

Pero nadie podía esperarse lo que iba a ocurrir en el partido estelar de la jornada, ese que se disputa al mediodía, bajo el tórrido sol del verano.

La posibilidad de que "los santiaguinos" pudiéramos ganar al equipo de estrellas de Casablanca se había planteado como una amenaza. Las burdas graderías del patio carcelario estaban colmadas.

Para el acontecimiento las damas del pueblo habían llegado al partido con sus mejores galas porque en lugares como ese y en un día domingo no ocurría otra cosa, excepto ir a la misa matinal y dormir la siesta en la tarde.

Los centinelas se habían apostado en puntos estratégicos, para ver bien el partido o para impedir que alguno de los reclusos aprovechara la confusión y se arrancara con los tarros. Todo estaba listo.

Pero el partido estelar de la jornada nunca llegó siquiera a comenzar. Cuando estábamos en pleno precalentamiento en medio de la cancha muchos pensamos que el tinto y el blanco nos estaban haciendo sufrir sus efectos.

Se nos movía todo y nos comenzamos a afirmar unos a otros. Oíamos un extraño tronar subterráneo. No era ni el tinto ni el blanco. Había empezado a temblar.

Las viejas gritaban, caían las tejas de los muros carcelarios, se levantaba un polvo tétrico por entre los tejados de las casas pueblerinas de adobe. Los presos incomunicados clamaban para que se les permitiera abandonar sus celdas; el Toño corría en pelotas por la cancha porque el terremoto lo había sorprendido bañándose en la caseta de los centinelas instalada en la parte más alta de la cárcel.

Ahí no más quedó ese partido definitorio. Primero comenzamos a preocuparnos por la suerte de cada uno de nosotros. Cuando se verificó que estábamos bien, nos preguntamos qué había ocurrido en Santiago.

Volvimos en lo que pudimos a la capital, carretas, automóviles, camiones o autobuses. Y en ese retorno pudimos verificar los efectos del remezón; casas derrumbadas, caminos cortados y terror por todas partes.

Posteriormente nos enteramos que el epicentro del temblor había sido ubicado entre Santiago y Valparaíso, en las cercanías de Casablanca, justo en el lugar que habíamos visitado para jugar al fútbol.

En la capital no había sido gran cosa el terremoto. Total, después de tantos remezones, los santiaguinos y los chilenos nos hemos acostumbrado a no prestar demasiada atención a esas manifestaciones de la naturaleza que se repiten cada año y dejan una estela de destrucción que parece haber endurecido a muchos chilenos.

Seguimos jugando al baby-fútbol. Se recibió a los de Casablanca en la Escuela 59 de la avenida Chile, se disputaron campeonatos en el Quintín Vargas y en una cancha que estaba al fondo de la calle Huánuco.

Fue por esos años que comenzamos a reducir las horas y los días de ocio. Seguimos siendo tan amigos como siempre. Pero entraron a influir otros factores: los amores, los estudios y la política…en cualquier orden, según le tocara a cada uno.

EL PELAO

Volver a los diecisiete después de vivir un siglo,
es como descifrar signos sin ser sabio competente
volver a ser de repente tan frágil como un segundo
(Violeta Parra)

Como ocurre con todos los niños, nuestra pandilla fue de formación espontánea. Nadie nos dijo que teníamos que ser amigos ni nos juntó con ese propósito. Los primeros fueron el Toño y el Alfredo Luna, el Claudio Rodríguez y yo, nada más que porque vivíamos casi uno al lado del otro.

Iniciamos una larga amistad a puñetazos, entre lágrimas y olvidos inmediatos, a patada limpia en las pichangas y compartiendo chistes y bromas sentados en la cuneta bajo el farol de la esquina.

Fue en una de esas ocasiones en que se nos unió un gordito de pantalones cortos. Su cara cuadrada terminaba en una cabeza casi totalmente rapada y un moñito casi de adorno sobre la frente. De allí su apodo de Pelao y tuvo que pasar mucho tiempo antes de que supiéramos cuál era su nombre de pila: Enrique.

Tirados en el tierral jugando a las bolitas y al trompo no le prestábamos atención y él no se inmutaba ante las amenazas. Era un recién llegado a vivir en la casa que estaba al lado del almacén y una de las más elegantes del barrio. Debió sufrir todas las humillaciones a que lo sometimos.

"Ya cabro huevón, sale de aquí". No se movía. No suplicaba ser amigo, pero tampoco se resignaba a quedarse solo. No decía una sola palabra.

Finalmente, casi como si fuera una carta de presentación, sacó un trompo nuevo y reluciente sobre el cual resaltaban figuritas que él mismo le había pintado.

Tal vez un poco apenados, le dirigimos la palabra y le invitamos a jugar a "la troya", donde se hacen bailar los trompos en un círculo y deben quedarse allí si tras los giros no abandonan sus límites.

El del Pelao no salió del círculo. Fue entonces cuando entró en acción el Alfredo que utilizaba un trompo que era un verdadero tanque, muy característico de su dueño que podía hacerlo girar con sus grandes y pesadas manos. Con la fuerza bruta del Alfredo, la belleza del trompo del Pelao se había evaporado a golpes de púa a los pocos minutos.

Malo para la pelota, inútil con los volantines, farsante y fanfarrón, el Pelao Lemarchand siempre fue un gran amigo de todos. Se fue alejando poco a poco cuando nuestras personalidades comenzaron a cambiar con el paso de la infancia a la adolescencia.

Con él siempre se podía contar para cualquier aventura aunque tuviera que enfrentarse a las iras de su padre después de cada embarrada que hacíamos en patota.

Como aquella vez cuando en nuestros primeros días de amistad nos invitó a quebrar vidrios a la fábrica abandonada de los alemanes. Estuvimos como media hora tirando piedras. No quedó vidrio bueno.

Lo malo fue que la fábrica de los alemanes quedaba al lado de los talleres del papá del Pelao. No pasaron muchos minutos antes de que ese señor apareciera echando humos. Frente a nosotros castigó duramente a nuestro novel amigo.

Pero el Enrique se tragó las lágrimas, se negó a revelar quiénes habían participado en ese acto de vandalismo del cual todos después nos sentíamos avergonzados.

Así, finalmente, el Pelao Lemarchand se ganó nuestro respeto y lo convertimos en cómplice de nuestras aventuras. Fue el primero que se alejó del grupo, no mucho, porque siempre lo seguimos viendo.

Pero no dejábamos de criticar sus nuevos aires y nos reventaban sus cuentos y aventuras que nos sonaban como una afirmación no sólo de su superioridad económica sino como un desprecio a nuestra supuesta inmadurez.

Nunca fue alumno de una escuela pública como nosotros. Iba de uniforme bien presentado y perfumado junto a sus hermanas a una escuela privada. Su padre era el único que tenía automóvil en el barrio y su familia veraneaba puntualmente todos los años.

Las posibilidades estivales de los demás miembros del grupo eran muy escasas y no pasábamos de ir a la piscina del Santa Laura, o al campo cerca de Santiago. También partíamos en alguno de aquellos domingos estivales al popular balneario de Cartagena.

Nos íbamos cantando esa canción de toda nuestra infancia, aquella que dice:

Pican, pican los mosquitos,
pican con tal disimulo,
unos pican en la cara
y otros pican en el… cul..

Regresábamos de esos paseos de fin de semana en "el tren de los curados", el último que partía el domingo por la noche, lleno de viejos borrachos, chiquillos que lloraban y quejidos de los que se habían hartado de tomar sol y sufrían las consecuencias.

Y aprovechábamos el cansancio y la borrachera de los mayores para arrimarnos a las niñas y tratar de iniciar algún romance de último minuto después del fracaso playero en que no habíamos tenido éxito con las bellezas del verano.

El Pelao nunca se fijó en el dinero ni en la pinta y era siempre el primero que estaba en el grupo para ir a la matiné del cine Metro o a la galería del teatro Balmaceda o la del Valencia, para escalar el cerro San Cristóbal y corretear entre las tumbas del Cementerio General durante la noche.

Muchas veces salía reluciente y limpiecito con el papá y las hermanas en el auto, o para acompañarme a vender coca colas en el Estadio Nacional o a conversar con las putas de la calle San Martín que no nos ofrecían sus servicios (porque nunca teníamos con qué pagar) sino que parecían entretenerse con el relato de nuestras aventuras.

La actitud del Pelao era generalmente cínica pero sin mala intención. Siempre andaba conspirando para hacerle una broma a alguien. Como cuando pasó la Gabriela, una de esas cabras altivas a quienes con solo mirarlas se nos hacía agua la boca.

Como una pantera, el Pelao la siguió unos pasos y ágilmente le tocó el poto. La muchacha que iba a comprar parafina se dio media vuelta y zas! Le asestó el tremendo tarrazo en la cabeza al pobre Felipe que tal vez todavía debe estar preguntándose qué pasó.

Era uno de los más intrépidos y siempre andaba colgándose de algo e invitando a los demás a que lo imitaran. Uno de sus primeros seguidores fue el Alfredo Luna a quien con justeza apodábamos El Gato. Siempre estaba subido en un árbol mirándonos desde arriba.

El Pelao y yo éramos grandes aficionados a las aventuras de Tom y Jerry y con él, el Toño y el Alfredo íbamos al elegante Teatro Metro los domingos por la mañana cuando proyectaban solamente películas de dibujos animados.

La salida era con la pinta de un día domingo, todos muy serios, bien vestidos y compuestos. Pero el viaje lo habrían prohibido terminantemente nuestros padres si se hubiesen dado cuenta cómo era.

Esperábamos la salida del tranvía 36 que terminaba su corrido en la Plaza Chacabuco. Cuando comenzaba a tomar vuelo nos colgábamos subrepticiamente y así llegábamos hasta la intersección de las calles Banderas y Agustinas.

Pero el viaje no era tan fácil. Muchas veces quedábamos adoloridos porque los conductores nos golpeaban las manos con un palo para que nos soltáramos.

Los tranvías eran lentos y hacían muchas paradas. Para acelerar el viaje si estábamos apurados o atrasados nos colgábamos de los autobuses. Los de la línea Matadero Palma o los de la Ovalle Negrete eran los preferidos porque, como eran los más viejos y desvencijados siempre tenían buenos huecos de los cuales podíamos agarrarnos y evitar el peligro de accidentes.

Pero una de las mejores tácticas para viajar gratis, sobre todo en invierno, era pegar un salto junto a la última ventanilla abierta del vehículo y tirar del cordel de la campanilla. El chofer creía que alguien había olvidado bajar y abría la puerta.

Era el momento cuando nos metíamos en tropel por la puerta trasera. Una vez acomodados, siempre había uno que con toda cortesía gritaba: "ya bajaron".

Nunca llegábamos al Teatro Metro con el dinero necesario para comprar los boletos respectivos y entrar todos. Para no perdernos las aventuras de Tom y Jerry o las del Pato Donald y sus sobrinos el recurso preferido era comprar algunas pocas entradas y causar un tumulto en el momento de ingresar.

Los boleteros no sabían qué hacer ni cómo contarnos y tras la aglomeración caótica, al final nos encontrábamos todos sentados en las primeras filas lanzando papeles, tirando pedos y agarrándonos a bofetadas, otro deporte al que éramos muy aficionados.

Quizás haya sido porque el Pelao era el mayor y su maduración más prematura que fue el primero en alejarse del grupo. También fue el primero en caer enredos amorosos cuando nosotros todavía estábamos jugando a las bolitas y al trompo o metidos en el Valencia o en el estadio.

Malo para estudiar, el Enrique Lemarchand era un artista con sus manos. Con los instrumentos y las máquinas de la fábrica de su padre tallaba los bates y las caretas de cátcher que necesitábamos para jugar al béisbol.

Nunca llevó su afición artística más allá. Pero era hábil para hacer dibujos hermosos y convertía los tornillos, tuercas, trozos de fierro y alambres en figuras llenas de expresión, vida y colorido.

Como era la negación absoluta para el fútbol y nunca pasó del puntete, se dedicó al buceo y a la fotografía submarina, deportes en que ninguno de nosotros hubiese podido pensar siquiera en llevar a la práctica si se consideraba lo que eran nuestras escuálidas finanzas.

Decíamos que el Pelao sufría la enfermedad del tordo (pues tenía las patas flacas y el poto gordo). Quién creyera que fue un jefe modelo de hogar y que fue un hombre tranquilo obligado a un vivir reposado hasta que un mal crónico silenciara sus bromas para siempre.

EL TOÑO

Era terco como nadie. A veces, mentiroso. Incapaz de reconocer que hubiese metido la pata o el dolor de un golpe. Pero el tipo más buena persona e incapaz de hacer daño a alguien. Solidario con los amigos, compañero de cualquier aventura y siempre dispuesto a dar una mano.

Eran los primeros días de nuestra amistad, hace ya tantos años, cuando las actuales poblaciones del barrio eran canchas de fútbol y nosotros niños, muy niños.

Estábamos jugando en una especie de laguna nauseabunda junto a los comederos de cerdos. Con su inventiva de siempre, al Pelao se le ocurrió dar vuelta uno de esos comederos, convertirlo "en un barco pirata" y tirarlo al agua para navegar.

El único que se creyó capitán fue el Toño y esgrimiendo una espada de palo abordó la nave improvisada. Como era de esperar, "el barco" no aguantó su peso y se hundió en el barro negro y hediondo donde retozaban los cerdos.

A duras penas salió a la superficie. Cubierto de lodo nos miró serio cómo nos revolcábamos de la risa y de manera ceñuda, afirmó: "no me caí. Estaba maniobrando el barco".

El incidente no terminó allí. Como de costumbre, el padre del Toño y del Alfredo los esperaba detrás de la puerta y los agarraba a correazos. Siempre tenía una muy buena razón para hacerlo y aquella vez la cosa fue peor y nosotros escuchamos la paliza como siempre.

Al día siguiente le preguntamos si le había dolido mucho y, nuevamente con su seriedad adusta, afirmó: "No. Si mi papá no nos pegó. Estaba un poco enojado, no más".

Era uno de los más pacíficos del grupo. Pero no tenía muy buen humor, sobre todo cuando jugábamos al fútbol. Era raro que no se agarrara a combos durante uno de esos partidos que jugábamos en Conchalí o en los torneos de baby-fútbol del Quintín Vargas.

Tres eran los factores que siempre provocaban las bataholas. Uno era que el Toño sabía manejar el balón con tremenda habilidad. Eso provocaba una gran bronca entre los rivales. Otro era que cuando veía que no lo podían frenar, se burlaba de los adversarios.

El último era consecuencia de los dos anteriores. Lo buscaban con la peor de las intenciones a fin de terminar con sus burlas y sus fintas y regateos. Y allí se iniciaba la repartición de combos y garabatos.

El Toño nos introdujo en las artes marciales de las cuales no se hablaba mucho en esos tiempos. Fue en una presentación corta a la que no prestamos gran atención pero que sirvió para reírnos durante mucho tiempo.

Disputábamos uno de esos partidos aguerridos en las canchas de Conchalí. Y como solía pasar uno de los adversarios se acercó amenazante al Toño en medio del campo de juego con la clara intención de agredirlo en cuanto se presentara una oportunidad.

Pero el Toño no se amilanó cuando el rival quiso patearlo donde más le doliera. Comenzó a dar gritos japoneses y a lanzar patadas de karateca. Su agresor quedó tan desconcertado que no atinó a otra cosa que a dar media vuelta y abandonar sus propósitos.

Fue el compañero de casi todas nuestras aventuras. Era excepcional que no estuviera metido con nosotros en un partido de fútbol, en los billares de don Rigo, escalando el cerro San Cristóbal, atisbando por las ventanas o patiperreando por la pecaminosa calle de San Martin en las cercanías del pestilente río Mapocho.

También era amigo de los otros personajes del barrio, como del "Cara de Cuye", quien tuvo la mala idea de asomarse por agujero del poste y el Pelao le voló un diente de un hondazo; del "Falabella", o de la "Virgen Teresa".

La "Virgen Teresa" era una tipa grandota mucho mayor que nosotros a la que se habían fusilado todos los más grandes y que una vez mi padre, anticipándose al terror actual del sida, sentenció con visión filosófica: "no se metan con esa ñata cabritos porque se les puede pegar alguna enfermedad".

De todas maneras, pese al consejo, cuando jugábamos a las escondidas nos juntábamos entre los matorrales para tocarle el poto a la Teresa, que era lo más atrevido que nos permitían nuestros años inocentes.

El Toño nunca tomó muchas decisiones en su vida. Las dos más importantes fueron casarse y mandarse a cambiar a Venezuela en busca de mejores horizontes económicos como muchos chilenos de aquellos años.

Una vez nos encontramos por casualidad en el centro de Caracas. Era el mismo de siempre, rascando con sus dientes una extraña picazón en los dedos, ajustándose las gafas y recordando a cada uno de sus amigos.

Frente a una taza de café rememoramos nuestra infancia y nos reímos de todas nuestras aventuras. Nos despedimos con un abrazo y un poco de tristeza. "Ahora que nos hemos vuelto a encontrar estaremos siempre en contacto". Nunca más nos volvimos a ver.

Nuestro grupo fue atípico porque, pese a su apariencia y sus aventuras que no auguraban un buen futuro, al final terminó siendo un modelo. Como Nelson Bravo que se convirtió en profesor universitario y murió joven por la diabetes; como su hermano Héctor, que vivió en Nueva York y regresó dos veces a Chile, como Felipe Bray que creó una linda familia, como el Pelao, que luchó vanamente contra su enfermedad rodeado de seres queridos, como el Nano Mejías que también emigró a Estados Unidos.

Parados en las esquinas, sentados en la cuneta, riéndonos de nosotros mismos y del mundo, haciendo puntería a los tarros de las viejas que iban a comprar parafina, tocándole el poto a la cabra que pasara cerca, contertulios en fiestas de madrugada y, algunos, fumadores empedernidos.

Nadie hubiese dado cinco centavos por el destino de cada uno. Sin embargo, logramos superar sin darnos cuenta siquiera el síndrome ya común entonces entre la población chilena: la afición por retener una amistad en torno a una copa de vino o una cerveza; las fiestas terminadas en borrachera, la manifestación de machismo a través de la agresión vandálica y, ahora, la drogadicción.

Fueron muchas las rabias que tuvieron que sufrir no sólo nuestros padres sino también los vecinos debido a las picardías del grupo. Pero nunca se nos ocurrió llegar al delito y tal vez la falta más grave que pudimos haber cometido fue fumar, hacer presa de los piropos a las niñas del barrio o fisgonear por las ventanas para ver si sorprendíamos a alguna mujer desvistiéndose o a una pareja haciendo el amor.

Esa fue mi infancia feliz, una infancia de años que pasaron dejando su huella de buena amistad, de hermosos momentos, de enorme solidaridad, de tardes de verano al sol, de días invernales abrigados por un cariño recíproco que se ha mantenido con el paso de los años.

He sido siempre un agradecido de esos amigos que nunca se fijaron en mi desmedrada situación económica, en mis andrajos, en mi hambre y en mis penas. Para ellos siempre fui nada más que el Orlando….o El piojo, el que estaba siempre listo para cualquier aventura.

MI POBREZA

Piececitos de niño,
azulosos de frío
¡cómo os ven y no os cubren, Dios mío!
(Gabriela Mistral)

Un día Aldo, mi hermano menor, me miró un momento largo y me dijo al pasar: "¡Putas qué éramos pobres! Me parece increíble… ¿te acuerdas?"

Sí. No me he olvidado nunca. Una vez más me acordé de mi hermana que lloraba porque no tenía con que vestir su coquetería; de mi otro hermano, Luis Homero, que trabaja en lo que podía pese a su mala salud para que tuviéramos algo de comer, del agua de lluvia que entraba a raudales por uno de los agujeros de un remedo de casa en que vivíamos; de mi hermano mayor, Edgardo, que se iba a una parcela a recoger tomates; de Aldo, el hermano más pequeño, que nunca parecía estar consciente de nuestras vicisitudes.

Y, sobre todo, de mi madre, entumecida junto a un brasero en el frío de los inviernos de Santiago.

Pero me parece un sueño lejano, de esos que al despertar uno pierde detalles pero que se repite a la noche siguiente una y otra y otra vez. No es una pesadilla. Es solo un sueño, algo que ya pasó, que no han tenido que padecer mis hijos, ni los hijos de mis hermanos.

La primera noción que tengo de mi indigencia ocurrió cuando era muy niño y llegamos a Santiago a la casa de unos primos que habían quedado huérfanos y sus padres les habían dejado como herencia una lechería con establo y un camión. Eran muy jóvenes y habían vendido el vehículo y las vacas y, poco a poco, todo lo demás.

Una noche de invierno descendimos del camión que nos había traído desde Melipilla, un pueblo a unos 100 kilómetros al oeste de Santiago, donde yo había nacido.

Mis pies descalzos pisaron las losetas gélidas de la entrada y me causaron una sensación que todavía me persigue cuando tocan algo frío.

Nos instalaron en una especie de habitación que había sido el lugar donde se guardaba un automóvil, junto a otro cuarto que servía de depósito de granos o pienso para las vacas.

Ese fue el primer hogar de mis recuerdos y en una de esas "habitaciones" nació mi hermano y donde dormíamos todos: mis padres, mi hermana y los cuatro hermanos.

No teníamos donde hacer nuestras necesidades hasta que mi padre construyó a pocos metros una casamata y cavó un hoyo profundo junto a un álamo que allí recibió su condena de muerte.

Mi madre podía cocinar un poco más allá en un lavadero donde no había agua ni horno. El fuego lo armaba en un tarro con carbón o leños hasta que le traíamos aserrín de una barraca de maderas con que hacíamos un singular fogón.

Esa "vivienda" no era gratuita. Mis padres debían pagar un alquiler todos los meses que no podía ser demasiado alto si se considera que las instalaciones carecían de agua, luz y servicios higiénicos.

Era muy pequeño para que alguien me explicara qué había ocurrido para que llegáramos a Santiago en la oscuridad de la noche y sigilosamente ocupásemos esos tristes cuartuchos.

Con el tiempo comencé a atar cabos y descubrí que mi padre se había quedado sin trabajo y no teníamos adónde ir. Lo habían despedido por borracho y nos habían desalojado del lugar en que vivíamos.

Agobiados por la falta de dinero, mis primos muy pronto comenzaron a hacer particiones en todo el establo y a alquilar las habitaciones improvisadas a otras familias indigentes convirtiendo el establo en un conventillo.

El lugar era la lacra del barrio pues estaba junto a otras viviendas de mejor nivel, entre ellas las de la población de Carabineros, la elegante casa del Pelao, el almacén de la esquina y lo que considerábamos como la lujosa casa donde vivían los españoles que tenían una panadería a la vuelta de la esquina.

El puntal económico de la familia, Luis Homero, uno de mis hermanos mayores, hacía los quehaceres domésticos en una casa de la población de Carabineros mientras mi madre lavaba la ropa de algunas vecinas.

Yo me ganaba algunos pesos cuidando los automóviles de los aficionados que llegaban a los partidos del fin de semana en el estadio Santa Laura y el de la Universidad Católica.

También utilizaba un carrito para transportar las mercaderías que las vecinas compraban en una feria de productos agrícolas que se instalaba en una de las calles del barrio los jueves y los sábados.

Ese fue el escenario de mi primera infancia y un descanso inicial en la escalera descendente de nuestra miseria de la cual, como niño, no tenía mayor conciencia excepto la de advertir que mis amigos siempre lucían buena ropa y nunca padecían hambre.

Al cabo de un tiempo eso de que los dueños del lugar fueran de la familia no importó mucho para que nos echaran porque mi padre no pagó nunca el alquiler y tuvimos que irnos a vivir a otro similar donde el servicio era otro pozo séptico, no había donde uno se pudiera lavar y el agua salía de un grifo único.

Tal vez la visión de mi madre arrastrando a sus hijos y lo poco que teníamos a un nuevo destierro, haya hecho que mi padre entrase en una etapa de sobriedad en que reía con nosotros y trabajaba de sol a sombra.

Como su oficio era el de carpintero, comenzó a comprar tablas y fonolitas para construir lo que debía ser nuestra casa, algo que parecía ser un lujo después de vivir en el conventillo del establo.

El impulso le duró poco y las tablas y las fonolitas no le alcanzaron para completar su plan arquitectónico. Se acabaron cuando había terminado un solo cuarto y él había caído una vez más en el hechizo alcohólico del que tardaba muchos días en salir, a veces semanas.

En esa construcción improvisada y sin techo la lluvia invernal nos inundaba y en las madrugadas de cielo claro el hielo que se formaba debajo de las fonolitas, en la única habitación semi cubierta, llovía sobre nuestros cuerpos dormidos al derretirse.

Mi hermano mayor, Edgardo, se había marchado del hogar con otros rumbos o casi nunca llegaba a casa. Mi hermana, Regina, se había casado. Quedábamos mis padres y mis otros dos hermanos para las únicas dos camas de la casa. La división era lógica. Mis padres en una y nosotros tres en la otra.

El invierno es muchas veces cruel en Santiago y más para nosotros que éramos tan pobres. No sabíamos de sábanas o de frazadas y dormíamos algunas veces semi vestidos o cubiertos con trapos u otras ropas.

Con todo, éramos bastante limpios y nos lavábamos con el agua gélida del grifo para que no se dijera que éramos hediondos o sucios. Lamentablemente no podíamos ocultar de nuestro cuerpo las marcas de las picaduras que nos dejaban las pulgas cada noche.

Podría dar más detalles de nuestra vida de entonces si hubiese guardado lo que escribí en un libro grande de contabilidad que convertí en un diario de vida y en el que vertía mis primeras penas de niño.

No llegué a completar más que un par de años pero recuerdo que hablaba en él de mi padre y de mis hermanos, de mis estudios, de mis amigos y de mi situación, como lo estoy haciendo ahora.

Pero parece que a mi hermano mayor no le gustó mucho, sobre todo porque criticaba que hubiera seguido el rumbo alcohólico de mi padre. Lo encontró en el lugar donde lo ocultaba y puso fuego a mis primeras palabras escritas de puño y letra.

La historia de nuestra vivienda volvió a repetirse casi con las mismas características. Nos echaron del lugar porque no pagábamos el arriendo. Al poco tiempo uno de mis hermanos consiguió con un amigo un lugar en los extramuros de la ciudad donde podíamos levantar otra choza.

Otra vez, con lo que juntó mi padre, madera, fonolitas, latas, cartones y otros materiales que podían servir para erigir un muro o de protección contra la lluvia, construimos una especie de caseta que nos acogía pero que muchos considerarían inhabitable, peligrosa e insalubre.

La cocina estaba junto a un muro de madera sobre la cual no había una protección en contra de la lluvia y mi madre tenía que esperar que escampara para prepararnos alguna comida.

Para alumbrarnos durante la noche acudíamos al recurso todavía muy popular en Chile: colgábamos un cable de cobre para robar energía eléctrica del alumbrado público.

El sitio fue vendido al cabo de dos años y nuevamente tuvimos que emigrar a otra vivienda. Era un lujo. Tenía piso de tablas y no como las anteriores que era de tierra. Pero allí "el baño" también era un pozo fétido que quedaba junto a la cama donde yo dormía con mi hermano menor.

Eso de ser pobre, hambriento y andrajoso había sido la historia de mi vida y no conocía otra cosa. Por ello es que nunca me lamentaba. Seguía siendo feliz. La vida era así y no había remedio.

Era dichoso en la escuela primero y en el liceo después. Tenía el amor de mis padres y el de mis hermanos. Tenía amigos, verdaderos amigos.

Muchas veces, para combatir el tedio de las tardes del verano en que no tenía trabajo ni había escuela, jugábamos con mi hermano menor algunos partidos de fútbol en un potrero que había justo al lado de nuestro hogar, con una acequia maloliente de por medio.

También me lanzaba a caminar por entre los cerros de Conchalí y me alimentaba de las moras que recogía por los caminos de tierra.

Tal vez todo esto explique por qué siempre me ha costado estar demasiado tiempo en un solo lugar, por qué mi mujer y yo siempre estamos pensando en cómo será vivir en aquella otra ciudad, en aquel otro país.

Trabajando aquí y allá, completé mi educación secundaria en el Liceo Recoleta donde había empezado a preocuparme de mi vestimenta, a enamorarme de mis compañeras, y a escuchar música de los Cuatro Ases, de Elvis Presley, Paul Anka y Brenda Lee.

Y como también quería aparentar más de lo que tenía cuidaba mi ropa y mis únicos zapatos. (No fueran a pensar mis compañeras que yo era un pobretón).

Además me aterrorizaba la idea de que mi padre llegara algún día a mi escuela a pedirme dinero para seguir su borrachera y lo conocieran mis compañeras.

La educación secundaria no había sido un problema. Además, siempre había algún trabajo, desde vender bebidas gaseosas en el estadio, atender un local de venta de revistas o reunir pesos haciendo clases de lo que fuera a los hermanos menores de mis amigos.

La salud tampoco me causó inconvenientes mayores y más allá de un catarro o una infección ocular que me dejó a mal traer y casi ciego en los primeros años, nunca tuve enfermedades que me hicieran ausentarme por mucho tiempo de la escuela.

La excepción ocurrió en el último año de esa escuela secundaria cuando discutí las enseñanzas de un profesor de biología y me negué a estudiar en los textos que él sugería. Como castigo fui expulsado de todas las clases y sólo se me permitió presentarme a los exámenes finales.

No es que los dueños del liceo hayan sido benevolentes conmigo y que el castigo que me habían dado fuese simbólico. Se trataba de una institución subvencionada que recibía fondos del gobierno por alumno aprobado y no quisieron perder lo que yo significaba para sus bolsillos.

No me quejé por lo que se pudiera considerar como una decisión demasiado drástica. Al contrario, fue miel sobre hojuelas. Libertad total. No tenía la obligación de ir al liceo, podía trabajar y hasta me quedaba tiempo para mis romances y mis amigos. Me preparaba por mi cuenta para los exámenes preguntando sobre las materias desarrolladas a mis compañeros.

Al finalizar el año una vez más la suerte me hizo un guiño en los exámenes más difíciles y terminé siendo el segundo con mejores calificaciones del Liceo Recoleta.

Lo de las buenas calificaciones y la suma total no involucraron mucho mérito pues al terminar cada prueba final de francés y de inglés para aumentar mi ventaja había solicitado a los examinadores (en el idioma respectivo) que me dieran la mejor nota.

Los de francés accedieron a mi petición sin mayores remilgos pero el de inglés se mostró dubitativo. Cuando me escuchó hablar no tuvo problemas para acceder a mi solicitud. (Más adelante explicaré por qué ya era bilingüe y conseguí sin problemas las mejores calificaciones en ambos idiomas).

Ese año tuve que tomar una decisión. Ir o no a la universidad. No hubo muchas dudas. Decidí continuar los estudios. Ni siquiera pensé que sería un sacrificio.

Tenía, eso sí, conciencia de la imagen de admiración que rodeaba entonces a los universitarios, de su dedicación, su inteligencia y su perseverancia. Todavía había posibilidades de seguir aprendiendo.

Pero más que eso el imán de la universidad para mí eran las universitarias. Las veía tan lindas, tan limpias y tan simpáticas. Estaba enamorado de todas, especialmente de una que había llegado al liceo para enseñar inglés.

MI MADRE

Hay una mujer que tiene algo de Dios
por la inmensidad de su amor
y mucho de ángel por la incansable
solicitud de sus cuidados (Ramón Angel Jara)

Recuerdo el aroma a jabón de mi madre, María Esperanza, cuando me ayudaba a vestirme para partir en mis primeros días de la escuela primaria. También recuerdo el sabor a sal de sus lágrimas sobre mi cara cuando me decía que tenía llegar muy temprano. Tenía que ser uno de los primeros.

Me acariciaba las mejillas y muy quedamente me repetía una y otra vez: "negrito, tienes que portarte bien ¿me lo prometes?"

Quizás lloraba por culpa de alguna de las barbaridades que yo había cometido en la calle desde donde las vecinas llegaban todos los días para denunciarme.

Para ellas yo era "un pobre diablo" porque siempre andaba andrajoso y porque me pasatiempo favorito era hacer diabluras de todo tipo, solo o con mis amigos.

Sería porque tenía que enviarme a la escuela con zapatos llenos de agujeros por los cuales se me filtraba el agua escarchada de las mañanas de invierno; o tal vez porque no tenía con qué alimentarnos y mi padre yacía en el suelo sobre sus vómitos tras una de esas borracheras.

O porque una vez más los familiares le habían manifestado asco y desprecio por vivir con un hombre borracho que sólo la hacía sufrir, o por tener cinco hijos.

Yo tenía que llegar temprano a la escuela porque daban a los alumnos más pobres un desayuno que consistía en un pan y una taza de leche en polvo hidratada con agua caliente que me provocaba ganas de vomitar.

Y debía quedarme después del horario regular para aprovechar el almuerzo, generalmente frijoles hervidos con un poco de tallarines.

Mi madre, de la cual dicen que heredé su tez y sus facciones, me decía con una caricia: "negrito, sé un buen estudiante. Escucha todo lo que dice tu profesora. No te distraigas, pon mucha atención".

Nunca me aconsejó que estudiara porque sabía que no lo iba a hacer. Después de mis clases matinales yo volvía preocupado más que de jugar con mis amigos que de estudiar, de hacer rabiar a las vecinas con mis travesuras, o de ser parte de la tropilla de muchachos que libraban esas pichangas o partidos de hockey en patines, o de correr a un nuevo trabajo.

Además, muchas veces ni siquiera tenía lápices, cuadernos o libros para estudiar, lo que me obligaba a absorber las enseñanzas de mi maestra de manera directa, a prestar mucha atención, como me aconsejaba mi madre.

Esa forma de aprendizaje fue una mala costumbre que me causó problemas en mi educación secundaria y en la universidad pues tomaba apuntes de todo en un solo cuaderno que terminaba siendo una recopilación de garabatos que sólo yo podía descifrar, a veces.

Pero también me ayudó. Para las pruebas la única forma que tenía de ponerme al día con las cosas que habían aprendido mis compañeros era mirar rápidamente sus cuadernos y preparar un "torpedo" o "chuleta".

Pegaba esos torpedos en mi cuerpo para mirarlos de manera subrepticia durante los exámenes. Incluía fórmulas químicas o físicas, fechas históricas, nombres de escritores, presidentes, todo lo que fuera para conseguir el mejor resultado posible.

Era tan exhaustivo y puntilloso ese trabajo de escribir "torpedos" que al final ni siquiera necesitaba mirarlos pues con el afán de prepararlos me los había aprendido de memoria.

Mi madre era abnegación. Negó su propia existencia para que pudiéramos sobrevivir entre la pobreza, el desprecio y el olvido.

Pequeña, morena, de ojos tristes, no se quejaba y a veces salía en busca de pan duro con el que nos preparaba una especie de sopa a la cual agregaba un poco de manteca y una pasta roja de pimentón con la cual le daba sabor.

También el optimismo y el desprecio a las adversidades fueron legados que recibí de ella porque si había problemas siempre pensaba que en última instancia de alguna parte tendría que surgir una solución.

Para darnos tranquilidad y esperanzas acudía con frecuencia a la sabiduría proverbial: "No hay mal que por bien no venga", o a esa que pronostica que "después de la tempestad viene la calma".

MI PADRE

Es un buen tipo mi viejo
que anda solo y esperando
tiene la tristeza larga
de tanto venir andando (Facundo Cortez y Augusto Cabral)

He descrito de manera descarnada el lado feo de mi padre, Eduardo. Pero cuando no estaba bajo los efectos del alcohol era una persona perfecta. De tez clara y altivo, en su juventud había sido un buen deportista y hasta tenía dotes de músico porque golpeando dos o tres latas podía interpretar algún tema musical.

Me hacía juguetes con sus manos de carpintero, me contaba historias y salía a trabajar en lo que fuera: de albañil, de ladrillero, de cuidador de autos.

Con sus ideas de izquierda me hablaba del mundo, me trataba de explicar la presencia en Corea de los militares de Estados Unidos, de Eva Perón y sus esfuerzos por ayudar a los pobres de Argentina, y hasta de la democracia, las dictaduras y los sistemas dinásticos.

También me explicaba cómo debía ser la reforma agraria para que no hubiera tantos latifundistas "chupasangres" que se aprovechaban del trabajo de los campesinos; propugnaba la estatización de los medios de producción y la intervención de comités vecinales para que hubiese lo que él pensaba que debía ser una verdadera democracia.

Se interesaba por el fútbol (había sido seleccionado del sur del país), leía el diario conmigo y despotricaba por igual contra las dictaduras militares y los regímenes democráticos que, afirmaba una y otra vez, sólo se dedicaban a esquilmar a la población y nunca a promover su bienestar.

Muchas veces me sacaba a pasear a instancias de mi madre porque ella creía que conmigo de la mano no se atrevería a caer una vez más en el vicio. Si llegaba a ocurrir eso significaba no verlo durante muchos días y tener que recogerlo inconsciente en una calle o llevarlo a casa desde algún calabozo donde dormía tras la última borrachera.

Me enseñó a leer y a escribir cuando ni siquiera tenía la edad para ir a la escuela. Después, me obligó a ir a clases porque yo me negaba bajo la excusa de que con los compañeros que recién estaban en la etapa de aprender a contar con palitos y piedras, la escuela era un total aburrimiento.

En sobriedad era un caballero que conversaba con los niños, ayudaba a quienes lo necesitaran y como sería de cortés y señorial que hasta las vecinas andaban enamoradas de él, sin mucho éxito porque no recuerdo que le haya sido infiel a mi madre.

Recuerdo que enarbolaba orgulloso su origen español y nos recordaba una y otra vez que habíamos recibido de nuestros antepasados la belleza inigualable del idioma y el placer del trabajo.

Pero a los pocos minutos hacia una contramarcha y daba comienzo a un discurso que escuché muchas veces y que no era precisamente de admiración hacia sus antepasados de la península ibérica.

Decía que eso de legarnos el idioma no había tenido ningún costo para nuestros conquistadores españoles que se empeñaron en dejarnos también como herencia su religión católica "y lo que es peor sus enfermedades europeas y su regionalismo".

Al hacer las diferencias con el desarrollo de los gringos aseguraba que lo mejor que pudo ocurrir a sus colonizadores fue haber escapado del Viejo Mundo perseguidos por cuestiones religiosas.

Los primeros que llegaron al país del norte habían tenido que quedarse a vivir en las nuevas tierras porque no podían volver. Eso les obligó a echar raíces profundas, a construir más que a destruir.

En cambio, los españoles desembarcaron de sus naves en busca de las riquezas del continente para regresar con el oro y la plata, dejando tras de sí una religión. Predicaban el voto de la pobreza como una forma de ganar el cielo. Nada que ver con los protestantes del norte para quienes la riqueza era una demostración de haber sido favorecidos por la mano de Dios.

Peor todavía, lo primero que hicieron los españoles fue crear virreinatos y capitanías, separar por regiones a un solo continente; arrasaron las civilizaciones de los aztecas y de los incas, esclavizaron a los indígenas o los eliminaron por rehusar la entrega de sus riquezas o por no aceptar su religión.

Se daba un respiro en su arenga y continuaba diciendo que tampoco hay que ser tan severo con los conquistadores españoles y el trato que dieron a los indígenas.

Los pioneros del norte no fueron un ejemplo piadoso. Llegaron a esos territorios y dedicaron gran parte de sus esfuerzos a eliminar a los que vivieron siempre en esas tierras. Los pocos que sobrevivieron fueron enviados a reservaciones donde subsisten agobiados por la miseria, el desdén y el alcoholismo.

En nuestro espacio del territorio americano lo que pudo ser una sola entidad se convirtió en un conjunto de países y paisitos no solamente separados por su propia geografía sino por los nacionalismos, intransigentes en la mayoría de los casos y estúpidos en otros.

Aunque tuvieron una guerra del norte contra el sur (yanquis contra confederados), los pioneros en el extremo septentrional del continente juntaron a sus diversas entidades y las declararon Estados Unidos de América.

De paso fueron agregando territorios a través de la compra o la ocupación hasta sumar los actuales 50 estados y convertir al país en la mayor potencia mundial.

En nuestra parte del continente fue todo lo contrario. El regionalismo condujo a guerras como la del Chaco que mutiló el territorio paraguayo, o la del Pacífico que terminó con la victoria de Chile que agregó como botín dos provincias a su larga geografía y dejó a Bolivia sin salida al mar y a Perú con un resquemor permanente hacia los chilenos.

Mi padre tenía mucha razón pues las lecciones de esos conflictos no sirvieron para eliminar el regionalismo enraizado entre los latinoamericanos y a fines del siglo pasado El Salvador y Honduras se enfrentaban en una guerra tan idiota como una de las causas que la desencadenó: un partido de fútbol.

Después, Perú y Ecuador intercambiaban balazos a través de su frontera común sin que para muchos haya quedado claro por qué.

Ya antes Argentina y Chile habían estado a punto de entrar en guerra por la posesión de tres míseros islotes en el austral Canal de Beagle cuya importancia estratégica, si es que la tuvieron, había quedado obsoleta por el avance de los sistemas militares.

Las fronteras geográficas también metieron la cola en el problema y fueron uno de los factores que provocaron las diferencias de desarrollo entre los países del continente y Chile fue uno de los más perjudicados.

Apresado por la Cordillera de los Andes en el este, el océano Pacífico en el oeste y un enorme desierto al norte, Chile era una isla en el extremo del mundo. No tenía la lujuria de las selvas tropicales ni la plata ni el oro que atrajeron las ambiciones de la corona española a Perú y a México.

Desde los albores de su historia nuestro país constituía un territorio virtualmente inaccesible y quien se atreviera a conquistarlo tenía primero que llegar por mar a través del proceloso Cabo de Hornos, avanzar desde el norte a través del desierto de

Atacama, o atreverse a cruzar la inmensidad gélida de la Cordillera de los Andes.

Además el premio era exiguo porque Chile sí que era pobre; tanto que los conquistadores enviados a colonizar sus áridas tierras ni siquiera se podían dar el lujo de tener esclavos.

Cuando más podían usar y abusar de los indígenas. Era impensable traer sirvientes negros de Africa, como ocurrió en Perú, en Venezuela, en Colombia o en Uruguay y, en menor medida, en Argentina.

Esa pobreza chilena hizo que nuestros conquistadores españoles se mezclaran muy rápidamente con los mapuches y otros indígenas porque ni siquiera podían traer a sus mujeres de la Madre Patria.

Mi padre me decía que eso explicaba el hecho de que, quiéranlo o no algunos, casi todos los chilenos tenemos sangre aborigen en nuestras venas.

Los estudios de mi progenitor concluyeron cuando aprendió a leer y escribir. Su gran escuela fueron los diarios y con ellos me abría los ojos al mundo del conocimiento sin siquiera darse cuenta.

Era un gran aficionado a la astronomía y aunque no sabía de cuásares, agujeros negros, sistemas binarios o exoplanetas, conocía su existencia de manera intuitiva.

"¿Ves esa estrella?", me preguntaba mirando al cielo negro de las noches frías de la primavera en Santiago.

"Es probable que esa estrella ya no exista", me decía para dejarme sumido en el estupor…..¡pero si la estoy viendo!

"Lo que vemos es la luz de ese sol, una luz que ha tardado millones de años en llegar a nuestros ojos. Es probable que la estrella que tú estés viendo ahora haya sido tragada por otra más grande que con su masa enorme esté engullendo todo lo que esté a su alrededor", me explicaba.

Como para él la única explicación para los misterios de la vida tenía que tener una base científica, me decía que nuestra Tierra no podía ser única y que eran infinitas las posibilidades de que exista actividad biológica en algún lugar de nuestro Universo.

"¿Por qué vamos a ser los únicos? Existen miles de millones de galaxias con millones de planetas. Habrá muchos que tengan las mismas condiciones y habrá muchas civilizaciones más adelantadas o más atrasadas que la nuestra", según aseguraba.

Y así pasaba las horas hablándome de la ciencia, la historia, la religión, el deporte y la política, un tema que diseccionaba con la que creía que debía ser la máxima imparcialidad, aun cuando no podía ocultar sus simpatías izquierdistas.

La existencia de un Ser Supremo que determinara los destinos de cada uno o de un Dios que fuera el creador de todas las cosas, era algo que para él ni siquiera merecía discusión.

Me decía que todo eso era material de ignorantes y primitivos demasiado perezosos para pensar con inteligencia y que buscan explicaciones de ese tipo para los fenómenos del universo cuya razón es puramente científica.

El ejemplo que más usaba era el de los egipcios que, como no se explicaban la existencia del Sol pero veían cuáles eran sus beneficios, daban por sentado que era un "dios". Y agregaban dioses para cualquier fenómeno para el cual no tenían explicación.

No sé mucho de mis padres, cómo fue su romance, o detalles sobre el nacimiento de mis hermanos que llegaron conmigo a Santiago después de que a él lo despidieron cuando fue imposible soportar su vida disipada.

Sólo sé que se conocieron en un almacén de abastos en Casablanca adonde llegó una vez mi padre a resolver un problema de electricidad de la cual parecía saber mucho como buen maestro Chasquillas.

El local era atendido por mi madre y ese fue el lugar donde comenzó el romance de toda una vida, según me contó mi hermana.

¿Cuánto de amor había en esa pareja? Nunca escuché de mi madre una crítica contra el hombre que la hizo tanto sufrir.

En mis recuerdos veo los ojos tristes de esa mujer que vivía solo para nosotros cuando miraba los despojos del esposo al que se había encadenado para toda la vida y nos ordenaba arrastrarlo hasta el jergón que hacía de cama.

Mi hermana era muy inteligente, activa y, aunque pequeña, una excelente basquetbolista. Tanto el mayor como el menor de los hermanos fueron futbolistas de gran nivel solicitados por los clubes de barrio para que reforzaran sus equipos.

Regina me enseñó mis primeras palabras en inglés, me ayudó en los estudios y a sobrellevar la carga de ir a la escuela, trabajar y avanzar pese a los obstáculos.

El maldito cáncer se llevó a mis padres con pocos años de diferencia, como si la muerte no hubiese sido capaz de romper la unión que tuvieron pese a sus caracteres tan diferentes.

La misma enfermedad se cobró la vida de mi hermano mayor, Edgardo, y las complicaciones de la diabetes a Luis Homero. Hoy sobrevivimos mi hermana, Aldo, el menor, y yo.

También fue un factor de mi formación la señora María, la madre de mi primer amigo, Claudio Rodríguez, y esposa de un oficial de Carabineros al que teníamos mucho miedo porque nunca nos dirigió la palabra y nos miraba siempre con un gesto serio y recriminador.

Esa señora de origen alemán me pedía que llevara a su hijo a la escuela todas las mañanas y estuviera siempre junto a él para cuidarlo.

Me esperaba en la puerta de su casa con un "ulpo", un brebaje caliente de harina tostada y leche, y muchas veces me vestía con las ropas desechadas de Sergio, su hijo mayor que terminaría siendo uno de los oficiales del Ejército asesores de Pinochet.

No lo dijo nunca pero lo de acompañar a su hijo para protegerlo, no sé de qué amenaza, no era otra cosa que una excusa que utilizaba para no herir mis posibles susceptibilidades y asegurarse de que yo estuviera bien alimentado.

Que anduviera hambriento todo el tiempo no era novedad para nadie y de eso hasta cuando era adolescente se dio cuenta la señora Alicia, la madre de mis amigas Méndez, donde hacíamos las fiestas juveniles, jugábamos al ping pong o combatíamos el calor del verano en una pequeña piscina bajo una higuera.

Entre los manjares que me ofrecía para la "once", la merienda de media tarde, le contaba de mis aventuras y de mis sinsabores, mis esfuerzos y mis éxitos. ¡Cuánta paciencia tenía para escucharme!

Pero siempre recibía de ella un consejo, una palabra esperanzadora y ánimos para que no me dejara vencer.

También saciaron mi hambre los cuatro miembros de una familia que en mi niñez me enseñaron inglés y francés y, en cierta medida, don Paco Quintana, un español que me abrió las puertas del periodismo y, además de un sueldo, me pagó clases de inglés que yo le hacía a su hija.

Después de la niñez y la adolescencia el mejor soporte ha sido mi esposa. He vivido enamorado de su belleza y de su valor, su empuje y su cariño. Ha estado conmigo durante más de cuatro décadas apoyando mis decisiones, animándome cuando las cosas no salieron bien, siempre optimista, siempre enderezándome cuando me sentí doblegado.

Me dio dos hijos que viven aquí en Estados Unidos y son ciudadanos ejemplares que llevan un pasar saludable y responsable. Mi hijo, que fue miembro del Ejército de este país y estuvo a punto de ser enviado a la guerra en Irak, sigue defendiendo a brazo partido su soltería. Mi hija se casó y nos ha dado tres nietos.

¿Qué más puede pedir un trabajador retirado en esta parte final del camino? Disfruto del amor de mi familia, de un descanso tras más de 50 años de trabajo, de buena salud y de ánimos de seguir viviendo.

EL FIN DE LA NIÑEZ

Imagine there's no heaven,
It's easy if you try
No hell below us
Above us only sky (John Lennon)

Eran solamente dos hombres. Aparecieron por entre las sombras de esa noche llena de ruidos extraños. Los carabineros de la Quinta Comisaría iban y venían.

Se escuchaban gritos y órdenes. Alguien decía que por la radio estaban informando de que había muerto una persona en el centro de la ciudad. De repente un disparo, luego la oscuridad, el silencio.

Era el mes de abril de 1952. La situación económica iba de mal en peor y se había iniciado una ola de huelgas que culminaría con un levantamiento civil para deponer al gobierno del presidente Carlos Ibañez del Campo.

Estábamos jugando una pichanga bajo la luz del farol de la esquina cuando esos hombres se presentaron y sin aviso comenzaron a lanzar piedras a la ampolleta del poste. Al tercer intento lograron romperla y continuaron su vandálica tarea de dejar sin alumbrado público a todo el sector.

En la oscuridad total escuchamos a un borracho que gritaba con ritmo acompasado: "FRAP, FRAP, FRAP". Luego, con voz aguardentosa – teniendo solo a nosotros como público para su arenga- exhortaba a que los miembros del Frente de Acción Popular tomaran las armas para derrocar al gobierno.

Ese fue nuestro primer contacto con los avatares de la política. Avatares que primero impidieron que termináramos nuestro partido y que, después, más o menos, marcaron nuestras vidas y las de toda una generación de chilenos.

A partir de ese momento comenzamos a preguntar qué significaba izquierda, derecha, comunismo, dictadura, crisis económica, extremismo; por qué salían los soldados a las calles, por qué morían las personas en las manifestaciones, por qué la gente estaba tan furiosa.

¿No acaso decían que Chile era un remanso de paz, que éramos un ejemplo de eso que se llama democracia en América Latina?

El levantamiento civil terminó y finalmente no hubo ninguna alteración del orden democrático. Los manifestantes volvieron a sus hogares y los militares a sus cuarteles. Ibáñez del Campo entregó el poder a su sucesor elegido tras un proceso democrático ordenado y limpio.

Sin embargo, a partir de ese momento se inició nuestro adoctrinamiento, un adoctrinamiento que guiaría nuestra visión política según la tendencia política de quien lo impartiera.

Con los pocos años que teníamos no podía ser nada complejo, más bien simple. Negro o blanco. Malos o buenos, como en las películas.

Izquierda era lo que pensaban los que decían que los pobres debían recibir más de los ricos, los cuales no tenían que ser tan ricos. Los de la derecha argumentaban que si alguien era rico se debía a que había trabajado mucho y que nadie tenía el derecho a despojarlo de sus bienes.

Eso de la reforma agraria era cosa de los comunistas. Los del Partido Radical propugnaban un poco de eso y algo de lo otro. Nos pintaban a los dictadores como ostentosos generales que hacían sufrir a los pobres para proteger a los ricos o a los comunistas soviéticos que habían suprimido todas las libertades y hasta quitaban los niños a sus padres para adoctrinarlos.

Por eso era que la gente salía a las calles a protestar y también era por eso que los militares, bajo las órdenes de los generales, reprimían a los que se unían a las manifestaciones. No fuera a ocurrir que los desórdenes alteraran la democracia chilena en la que un presidente saliente le entregaba a otro una enorme cinta con los colores patrios en una ceremonia con desfile militar y fiestas en el parque.

Había que olvidar por un momento la mala situación económica e impedir que alguien quitara a los chilenos el derecho a elegir a esa persona, la cual debía tener experiencia, conocimientos, cultura…y buen apellido, si era posible.

¡Qué fácil era la política! Si hasta nosotros –sin necesidad de meternos en líos con los libros- podíamos entenderla. Además, siempre todo terminaba de la misma forma. El Bien se impone al Mal. ¿No había ocurrido así en la Segunda Guerra Mundial?

Las rectas y benefactoras democracias del mundo habían triunfado sobre las malévolas dictaduras. Lo veíamos todos los días desde la galería del Teatro Valencia. Los valientes soldados norteamericanos, generalmente encabezados por el sin par John Wayne, triunfaban sobre los malvados japoneses, los estúpidos alemanes o los cobardes italianos, en los campos de Francia, en las montañas de Grecia, en las arenas de Iwo Jima o en Montecassini.

En aquella época no se decía mucho que los gringos habían sido aliados de los rusos y que éstos se habían defendido de la invasión alemana en el frente oriental de la Segunda Guerra Mundial después de firmar un tratado de paz con los nazis que éstos traicionaron.

Pero la simpleza no duró mucho. Aparecieron los demócratas cristianos. Se comenzó a denunciar la internacionalización de la política chilena. Los de la izquierda protestaban contra el imperialismo yanqui, los de la derecha contra la intervención soviética.

Nosotros vivíamos en un paraíso democrático y seguíamos orgullosos de esos mitos con que a cada rato nos remachaban el mate: la bandera chilena era la más linda del mundo; el himno nacional había ganado un premio en París, nuestro país era la Suiza del continente, y nosotros, los ingleses de América Latina.

Con el avance de las comunicaciones, uno no tardaba en saber que había ocurrido otro golpe de Estado en Bolivia, que el general Juan Domingo Perón las estaba viendo negras en Argentina, y las empresas bananeras tenían muchos problemas en Centroamérica y que, por lo tanto, se disponían a moverle el piso del gobierno del país donde se encontraban (desestabilizar, como decían con suma elegancia).

Más allá de nuestra región, Estados Unidos estaba metido en una guerra en Corea. Leíamos todos los días acerca de eso, pero nadie nos sabía explicar qué carajos andaban haciendo los gringos por esos lados. Tal vez era demasiado complicado para nosotros.

En la que fuera la Unión Soviética, los rusos hacían tabla rasa con la era de José Stalin. Paradójico, ¿no es cierto? Cómo sería de malo Stalin que hasta los malvados comunistas soviéticos decían que se le había pasado la mano.

Las cosas se hicieron cada vez más complejas y nada fue tan claro como antes.

Los extremistas de izquierda comenzaron a secuestrar gentes, aviones y a meter por todos lados bombas que al estallar causaban la muerte de gente que no tenía nada que ver en cuestiones políticas.

Hacían revoluciones contra las dictaduras y, a su vez, implantaban regímenes autoritarios que no permitían la disidencia, ni las libertades civiles. De paso, desquiciaban la economía.

Los políticos de entonces, como los de ahora, se las daban de redentores dentro del marco de la sociedad para prometer paz y prosperidad, sacar al país de la miseria, que nuestros recursos fueran verdaderamente nuestros, que el estado controlara la economía para que no hubiera abusos.

No. No. Que la economía debía ser descentralizada para que hubiera libre mercado donde se impusiera la ley de la oferta y la demanda, se respetara a la empresa privada, se limitara el poder de los sindicatos, etcétera y etcétera.

Llegaban al poder y se olvidaban de sus promesas. Sacaban excusas para todo lo que eran incapaces de cumplir. Explicaban lo inexplicable, como está ocurriendo ahora en muchos países donde los políticos no han aprendido las lecciones de la historia.

Y entonces aparecían los descontentos, las protestas, los apaleos, los que prometían una revolución de izquierda o de derecha, los asesinatos, los atentados y, finalmente, los militares que surgían como salvadores.

Pero vuelta a lo mismo. Los generales repetían a la letra las promesas de los políticos pero tampoco cumplían y al cabo de cierto tiempo eran derrocados por otros uniformados o abandonaban el poder en un reconocimiento tácito de su incapacidad.

¡De qué manera nos jodieron el panorama! Habría sido lindo mirar lo que ocurría a nuestro alrededor sin que nos afectara. Como si fuera una de esas películas del Charles Bronson o del Burt Lancaster que alguna vez vimos desde la galería del Teatro Valencia.

Una de esas películas en que la sangre corría a borbotones sin salpicarnos, en que no necesitábamos parapetarnos detrás de un muro para eludir las balas y que, en vez de pólvora, lo más que olíamos eran los efluvios gaseosos de alguien indigesto.

Entrar en la adolescencia no sólo era meterse en un berenjenal de amores, sino también en uno de política. En ambas cosas pusimos nuestro corazón, nuestras preocupaciones. A algunos les fue muy bien, a otros muy mal.

Nuestra niñez fue esplendorosa, inocente. Pero llegamos a la madurez bajo un marco totalmente distinto. Caos, golpes de estado, agitación estudiantil, represión política e intelectual, secuestros, terrorismo, intervencionismo de Estados Unidos a través de la Agencia Central de Inteligencia (CIA) y aparición de dictaduras militares en la mayoría de los países del continente mientras se afianzaba en Cuba el régimen comunista de Fidel Castro que pretendía exportar sus experimentos socializantes a otros países.

La democracia chilena fue agregando capítulos a su historia. En 1964 llegaron los demócratas cristianos con Eduardo Frei (padre) a la cabeza y muchos planes para poner en marcha programas sociales y la nacionalización de la industria del cobre.

Todo muy bien, pero no logró impedir la polarización de una sociedad que hasta entonces había vivido envuelta en un casto provincianismo político.

No pudimos aislarnos y pronto comenzamos a tomar posiciones y a medida que se iban haciendo hostiles, también nos pusimos dogmáticos, agresivos e intransigentes.

Adoptamos todos los clichés chilenos de la época. "momio", "upeliento", "reaccionario", "tonto útil"; "esta es la lucha del proletariado", "estamos amenazados por el comunismo soviético", "gobierno vendido al imperialismo yanqui".

Una y otra vez. Al principio con actitud más o menos civilizada. Luego, con un primitivismo prehistórico que echó por tierra el orgullo que hasta entonces nos producía el hecho de que nuestra cultura política hubiese superado todas las barreras con la elección de un presidente socialista.

Hasta que llegó el momento trágico cuando levantamos nuestra vista al cielo con un nudo en la garganta, no para hacer el saludo a la bandera sino para ver con horror cuando los aviones descargaban las bombas sobre el palacio presidencial de la Moneda, donde moría Salvador Allende.

Había sido el hombre que prometió implantar el socialismo en Chile sobre una paradoja: las herramientas del capitalismo.

Así le fue. Primero, resultó electo sin fraude y confirmado constitucionalmente por el Congreso porque no había conseguido una mayoría absoluta. Luego, comenzó a gobernar a un país donde nadie se ponía de acuerdo con nadie.

La derecha vio la que se le venía y comenzó a echarse para atrás mediante una oposición intransigente y belicosa. La izquierda empezó a expropiar los medios de producción. Tal vez con buenas intenciones, pero sin gente idónea que pusiera en marcha las industrias vitales del país.

Y comenzó el desabastecimiento, se intensificaron las huelgas, los paros patronales, los atentados y cada vez fueron más largas las colas para comprar artículos de primera necesidad. Fue un duro invierno aquel de 1973.

En la primavera de ese año los chilenos no celebramos el 18 de septiembre, Dia de la Independencia, con ramadas, chicha y cuecas en el parque. Una semana antes los militares decidieron poner fin al aventurismo político de izquierda en un golpe cruento que estremeció al mundo y nos hizo ver la realidad de lo que pueden provocar los fanatismos políticos.

Con el "pronunciamiento militar" como decían de manera casta sus defensores, desaparecieron las colas de los que trataban de comprar un pollo racionado, pan de afrecho, combustible, cigarrillos o algo con que alimentar a la familia en medio del caos.

Los derechistas más beatos dieron gracias a Dios a quien atribuyeron haber impulsado a los militares a llevar a cabo el golpe contra Allende. Los izquierdistas que lograron salvarse de la represión vengativa de la derecha emprendieron el camino del exilio.

Muchos de los que se quedaron en el país fueron perseguidos, encarcelados, torturados o hechos desaparecer por ser izquierdistas declarados y a veces por la sospecha de serlo.

Las colas para comprar artículos de primera necesidad que escaseaban fueron sustituidas por el lúgubre espectáculo de quienes golpeaban puertas sordas tratando de encontrar empleo y más que nada a los desaparecidos que cayeron bajo la siniestra mano de los servicios secretos del régimen

Miles de muertos, hambre, desempleo, deseos de venganza. Vergüenza. Ya no podíamos enorgullecernos de ser el modelo de democracia en el continente. También habíamos caído bajo la bota militar.

UN REGRESO

Con una honesta conciencia,
con enfado, con sospecha,
con activa certidumbre
pongo el pie en mi país. (Patricio Manns)

La voz del capitán sonó metálica, tranquila y muy gringa; "en unos 15 minutos estaremos aterrizando en el aeropuerto Comodoro Arturo Merino Benítez. La temperatura en Santiago es de unos 25 grados centígrados. Se ruega a los pasajeros que tienen boleto de regreso que reconfirmen sus reservaciones…"

Habíamos llegado desde México después de la primera de dos asignaciones que me correspondió cumplir como corresponsal extranjero en ese país.

Tras ocho horas en esos incómodos asientos de todos los aviones nos interesaban muy poco las reservaciones. Nos íbamos a quedar un mes de vacaciones antes de continuar el retorno a Buenos Aires…la familia, la playa, los porotos granados, los amigos, las calles de Santiago, la hospitalidad de los compatriotas.

Sí, esa hospitalidad de la que tanto nos jactamos cuando estamos afuera, cuando tenemos que luchar contra el síndrome de ser extranjeros...."campesinos y gente del pueblo te saldrán al encuentro viajero y verás cómo tratan al amigo cuando es forastero...", como dice la invitadora canción "Si vas para Chile".

¿De qué hospitalidad me hablan?

El funcionario de inmigración nos quedó mirando con cara de asco. "Los pasaportes", dijo con un ladrido. Miré a mi mujer y a mis hijos y con un encogimiento de hombros traté de adoptar una actitud comprensiva. Con este aeropuerto tan pequeñito, tanta gente y tanto calor se puede comprender que este tipo esté de mal humor.

El funcionario comenzó a revisar un libro donde aparecían nombres y más nombres. Nos miraba una y otra vez al parecer tratando de recordar la imagen de un delincuente o la de algún activista político no deseable.

"Ah. Son tres chilenos y una argentina", volvió a ladrar mirando al soldado que esgrimía amenazante su metralleta.

"Periodista...y vienen de México", agregó como si hubiéramos llegado de un leprosario. Dirigió su mirada a un civil cuya presencia no habíamos advertido. El hombre se acercó a nosotros y nos ordenó esperar.

No teníamos por qué ponernos nerviosos. Eramos totalmente ajenos a lo que había ocurrido en Chile. Habíamos partido cuando se abrió la posibilidad de alcanzar mejores horizontes económicos. Mi hija nació en Argentina antes del golpe militar. Mi hijo salió de pañales, cuando todavía había democracia.

Ni mi mujer ni yo tuvimos afinidad ni compromisos políticos de ningún tipo. Teníamos ideas, claro está. Estuvimos de acuerdo con algunas cosas, discrepamos con otras. Pero en eso no había nada de malo. A nadie pueden mirarlo con suspicacia o castigarlo por tener ideas. Menos todavía si nadie las conoce. Eso creíamos.

Pero nos habíamos puesto nerviosos. Los familiares que nos esperaban veían salir a los otros pasajeros y a través de las puertas de cristal nos miraban en un rincón angustiados por una incertidumbre que nosotros no conocíamos. Mis hijos no comprendían lo que pasaba y querían traspasar la vigilancia del soldado.

Finalmente llegó la otra orden. "Pasen a esta oficina", nos avisó el funcionario de inmigración.

Si tan solo nos hubiesen dado alguna explicación. Pero no. No se les ocurrió decir por favor ni dar las gracias. El interrogatorio fue intenso y extenso. "¿Dónde van a quedarse, qué hacen, por qué estaban en México? Ah ¡Es periodista!"

Mientras el civil, evidentemente un agente de la policía política del régimen militar, respondía a sus propias preguntas, comencé a pensar en el lío que había metido a mi familia por ser periodista. Peor todavía en un momento en que la profesión era mirada en Chile con desconfianza y mucho más tratándose de un corresponsal extranjero.

Para colmo de males llegaba de México, un país que había recibido con los brazos abiertos a exiliados políticos chilenos, argentinos, uruguayos y brasileños perseguidos por los regímenes militares que también habían tomado el poder en sus países.

Para la derecha chilena en esos momentos México era un país donde había ido a parar toda la escoria izquierdista de América Latina, un país que porfiadamente se negaba a aceptar la derrota republicana en España y rechazaba las relaciones diplomáticas con el régimen de Francisco Franco.

Finalmente todo quedó en nada. Las suspicacias de los celosos vigilantes de la dictadura se disiparon tras confirmar que éramos solo una familia chilena sin compromisos políticos que venía a pasar las vacaciones a su país.

Los mismos agentes que nos habían mirado con ojos de sospecha nos acompañaron hasta nuestros familiares que por fin pudieron abrir sus brazos para recibirnos.

¿Y cómo es que me convertí en periodista?

Tal vez haya sido mi padre el que me puso en esa senda cuando me hablaba de la historia, sobre la guerra de Corea, las purgas estalinistas, las exportaciones del cobre, las tribulaciones del peronismo, el fútbol y sobre la música y el arte.

Nunca supe a qué escuela había ido, pero leía el diario de punta a punta. Me hablaba del mundo y de las ciencias, de la sociedad y del deporte.

De cabello casi rubio y porte distinguido, yo no entendía muy bien cómo era que las mujeres lo trataban tan bien cuando me llevaba de la mano por esas calles interminables a apostar en una carrera del Hipódromo Chile, o a trabajar con él de albañil, de carpintero o de simple peón en una fábrica de ladrillos.

Para él esas largas caminatas eran la oportunidad de hablarme y de transmitirme sus ideas y sus conocimientos.

O quizás fue mi profesora de la escuela primaria, la "señorita" María Díaz, la que influyó de manera decisiva en lo que terminó siendo mi vida profesional.

Era esposa de un periodista y debe haber sentido lástima por mi pobreza, mis pies descalzos y mis llegadas muy temprano a la escuela para no perderme el desayuno gratis que daban a los alumnos más pobres.

Me dijo que en una agencia de noticias que funcionaba en el edificio del diario El Mercurio necesitaban un mensajero. Yo tenía unos 10 años y en esos tiempos no había normas que reglamentaran la edad en que un niño debía trabajar, cuántas horas o en qué turnos.

Mi madre no puso objeciones a esa propuesta laboral ni al hecho de que debía trabajar durante la noche y en el centro de Santiago. Ella no tenía ningún control sobre nuestras vidas. Estaba resignada a someterse a la que le diera mi padre.

No recuerdo cuál fue la opinión de mi progenitor. Es posible que ese momento decisivo de mi vida haya ocurrido cuando se encontraba en uno de sus períodos de fuga alcohólica en los que trataba mal a mi madre y vendía lo que hubiese de valor en casa para alimentar su adicción.

El caso es que comencé a trabajar en una agencia de noticias y empecé desde abajo, muy abajo en esto del periodismo. Era mensajero en los tiempos primitivos de la profesión. Tanto que al llegar a la agencia de noticias me encontré con un enjambre de cables y aparatos donde las noticias se recibían en código Morse.

Pero ya no se usaban porque estaban obsoletos. Las noticias se recibían en inglés a través de un maravilloso aparatito que las escribía sobre una banda blanca de papel con una tinta azul que yo me encargaba de renovar de tanto en tanto. La modernidad de los teletipos con una banda de papel amarillo y agujeros no había llegado todavía al país.

Los textos eran traducidos por un equipo de redactores que maltrataban viejas máquinas negras Underwood que avisaban con un toque de campanitas el término de la línea.

Las traducciones se hacían con varias copias en papel carbón que yo también me encargaba de preparar. Luego las juntaba en grupos para distribuirlas a las radioemisoras del centro de Santiago cada hora.

Era entonces cuando comenzaba mi gran aventura. Me lanzaba como un murciélago por las calles siniestras de Santiago a repartir las noticias en las radioemisoras del centro de la ciudad o a dejarlas para que se transmitieran a Londres en una de esas oficinas de cablegramas que hace mucho tiempo dejaron de existir.

En una ocasión cuando distribuía esas noticias ingresé al estudio de la Radio Minería en pleno programa de preguntas y respuestas y me atreví a levantar la mano para concursar. Si alguien me lo hubiese advertido, no lo habría hecho.

El locutor, Renato Deformes, me llamó al micrófono y le respondí correctamente la primera pregunta. Pero la segunda fue fatal. Me pidió la definición de istmo y no tuve idea de qué me estaba hablando. Salí derrotado porque no me dieron ningún premio y encima recibí las rechiflas del público.

Pero quedé encantado con la voz potente y profunda de que hacían gala los locutores antiguos, con su sabiduría y con el dominio que tenían sobre el público. No tenía idea de que muchas de las cosas que decían estaban en un libreto que habían preparado otros. De todas maneras, el sueño me acompañó muchos años sin grandes esperanzas de que fuera realizable.

En la repartición nocturna de noticias conocí a las prostitutas de la calle Bandera, a los mendigos de la calle San Antonio, a los eternos noctámbulos de la Alameda, presencié asaltos a mano armada a algún inocente desprevenido, me enamoré de la redactora de noticias de farándula que trabajaba en la oficina contigua y me dormí entre los papeles de la basura agotado por la vida frenética que llevaba.

Tenía sólo 11 años, y ese trabajo terminó para mí cuando ingresé a la educación secundaria. Las responsabilidades habían cambiado y mi vida había entrado en una nueva etapa.

Pero ya había recibido el primer contagio del periodismo y la locución, actividades que me parecían conexas y que algún día podría desempeñar de manera paralela. Me preocupaba lo que ocurría en el mundo. Qué pasaba en Vietnam, cómo era eso del marxismo, de los peronistas y del presidente Ibáñez y hasta preparaba mis propios boletines que leía en voz alta a una audiencia inexistente.

También seguía cultivando mi intelecto de manera muy liberal y leía lo que caía en mis manos cuentos, ensayos, obras de teatro, diarios y novelas, incluyendo las que yo creía pornográficas y que compraba en los comercios de libros viejos de la calle San Diego.

En la agencia de noticias trabajaba un señor de padre canadiense que decía ser pariente mío, muy lejano porque teníamos el mismo segundo apellido. Era un periodista que decía estar maravillado por la facilidad con que había aprendido inglés de la cinta blanca que aparecía en la maquinilla y de escuchar a los redactores cuando conversaban.

Su familia, su madre y sus dos hermanas hicieron un fondo común y me pagaron un primer año de educación secundaria en una escuela inglesa, el British High School.

Fue allí donde comencé a sufrir el clasismo chileno, el odio al prójimo, el desprecio hacia el que no tiene. Yo, que no sabía lo que era tener un par de zapatos nuevos, debía presentarme con un informe azul oscuro con bordillos rojos, zapatos negros, camisa blanca y corbata azul. Para peor, la escuela estaba en una calle que había sido el centro de la aristocracia y que todavía conservaba su abolengo de principios del siglo XX.

Mis compañeros eran hijos de ejecutivos, de profesionales. Algunos tenían apellidos judíos, ingleses y hasta franceses. Las compañeras eran rubias o de tez clara y maneras altivas.

Hablaban con un acento que me era desconocido y que con el tiempo supe que era el que correspondía a las familias del barrio alto, es decir las más acomodadas del país y que congregaban sus viviendas en las partes altas de la ciudad, cerca de la cordillera, y no en los barrios bajos.

Entre mis compañeros de esa escuela había uno de apellido Márquez que se sentaba en primera fila lucía siempre un traje impecable y era el primero en levantar la mano para jactarse de sus conocimientos. Otro me invitaba a zanjar nuestras divergencias de cualquier tipo a puñetazos.

También había uno que se llamaba Alexis Juris y que se burlaba de mi pobreza con la crueldad inconsciente que sólo los niños pueden esgrimir; la María Angélica Maldonado, una belleza de cabello claro de la que inventaba historias de amor que nunca existieron, y el Richard Murphy, con el que me encontré una vez en Nueva York.

Yo era el alumno destacado. No por lo bueno. No tenía uniforme, no hablaba inglés como los demás y no entendía cuando se referían a los tíos que llegaban de Londres o de París, discutían acerca de la última moda y de los veraneos en Zapallar, el balneario de la aristocracia de entonces. Yo ni siquiera había visto el mar en mi vida.

En esa escuela me enamoré por primera vez y de manera perdida (una enfermedad con muchas recaídas). Fue de una niña de cuarto año que se compadecía de mi soledad y del aislamiento al que me condenaron mis compañeros por no pertenecer a su clase.

No tenía nada especial, pero era lo más hermoso que había en esa escuela. Miraba su pelo oscuro y reluciente a través de una ventanilla de su sala de clases. Me respondía con una sonrisa cómplice que me alentaba a regresar al día siguiente.

Se llamaba Alicia y me tocaba la mano durante los recreos. En susurros me contaba que ella también había llegado a esa escuela sin saber inglés y que después de tres años y medio no tenía problemas con el idioma.

Tres años. No podía ser. Apenas habían pasado unos meses y ya no podía soportar el lugar, a los profesores señoriales, a mis compañeros que me reiteraban su origen aristocrático y sobre todo a los encargados de la administración que no dejaban de recordar que mi tuición se debía pagar todos los meses.

(Muchos años después mi pasar por esa escuela se reflejó, por pura coincidencia, en la película "Machuca" que aspiró sin éxito a un Oscar de Hollywood).

La inmersión en el inglés del British High School no terminaba allí. Mi compromiso era volver a la casa de ese pariente y allí sus hermanas y su madre escondían los diarios, apagaban la radio y sólo hablaban en inglés.

Cada vez que respondía en español me obligaban a leer en voz alta un libro cualquiera, en inglés. Desde una habitación a otra. Y se burlaban de mi pronunciación y de mi incapacidad para no entender las sutilezas del idioma.

Me aplicaban el mismo sistema cuando se trataba de aprender francés. Me decían que debía aprovechar mi oído para los idiomas. Era un sufrimiento de casi todos los días.

Pero, al mismo tiempo, me decían que tenía que tomar leche. Me preparaban huevos fritos y me devolvían a casa bien alimentado, listo para soportar la tortura del día siguiente.

Fue el año en que leí mi primera novela en inglés, con ayuda del diccionario, varias semanas de esfuerzo y sin que mis espontáneos tutores lingüísticos se dieran cuenta. Recuerdo sólo que era una biografía novelizada y pornográfica de Emile Zola.

No me daba cuenta que aquellas cuatro personas, casi ancianas, fueron las que dieron forma a mi vida. Las que me proporcionaron la base esencial para aprender dos idiomas, las que me explicaron muchas cosas del arte, la literatura y de las ciencias, muchas de las cuales no habría aprendido de mis padres. Más aún, fueron las personas que me dieron de comer.

También recuerdo ese año de "educación inglesa" como uno de los más tristes de mi vida. Casi no veía a mis amigos del barrio, padecía la tortura de una escuela a la que no pertenecía socialmente y había perdido el contacto con el mundo.

Porque también tenía que trabajar. Durante los fines de semana cuidaba autos en el estadio de la Unión Española, vendía bebidas gaseosas en el Estadio Nacional, o me afanaba por cumplir un turno de madrugada en el torno de una fábrica.

El año terminó finalmente. No sé cómo, o por lástima, aprobé todas las materias. Mi inglés había avanzado a pasos agigantados. La señora Salgado, la subdirectora, me entregó el diploma para confirmarlo.

Pero, sin rodeos ni ceremonias, me dijo que no volviera a pisar ese establecimiento de estudiantes de la alta sociedad. Me habían soportado no porque fueran benévolos sino porque mi tuición se había pagado. No estaban dispuestos a soportarme otro año.

Así es que continué mi educación secundaria de manera gratuita en un liceo subvencionado por el gobierno, de esos que aparecían como callampas en Santiago y que fueron los primeros que desarrollaron el negocio muy lucrativo de la educación en Chile.

Estaba en la calle Cotapos y sus alumnos eran casi como yo. De los extramuros de Santiago y muchos de familias pobres. También había otros cuyos antecedentes de conducta o calificaciones académicas no les alcanzaban para establecimientos de educación con mayor prestigio y calidad.

Seguía siendo el mismo pobre diablo de siempre, pero había muchas cosas que me hacían feliz. El liceo estaba a pocas cuadras de casa, cerca de mis amigos, no me sentía aislado y las compañeras ya no me miraban con desprecio y quisiera pensar que lo hacían hasta con algún suspiro.

Además tenía algo que me hacía sobresalir. Hablaba inglés y francés con los profesores. Sobre todo con la de francés, una señora corpulenta y de busto pronunciado.

Se sentaba a mi lado, me acariciaba las piernas provocando un remezón hormonal que me hacía crecer, aunque no de estatura, y me decía con su voz dulce: "Ya negrito, lee tú que lo haces muy bien". Mi inocencia no tenía fin y me sentía querido y adulado.

Entre amores y penas de la adolescencia, mis conocimientos idiomáticos fueron dedicados al arte. Con otros compañeros organizamos un conjunto musical que cantaba, o trataba de hacerlo.

Nuestro modelo era "Los Cuatro Ases", un grupo estadounidense de mucho éxito por aquellos años. Como cantante yo estaba lejos de lo aceptable. En realidad, desafinaba de manera total Pero sí me convertía en elemento útil cuando se trataba de transcribir las letras de las canciones y corregir la pronunciación de mis compañeros.

Nuestra fama no pasó más allá y a veces cantábamos en los cumpleaños o las fiestas que organizaban los familiares de un miembro del conjunto.

El liceo era limitado y sólo tenía hasta cuarto año. Con muchos de mis compañeros pasamos a otro establecimiento en la calle Recoleta a poca distancia. Allí me volví a enamorar, esta vez de dos hermanas, una después de la otra. En silencio, sin que nadie lo supiera. (Eso de enamorarme de una de las compañeras del elegante British High School me había causado un trauma del cual fue muy difícil librarme).

En la nueva escuela secundaria mis grandes amigos fueron Salomón Mékled y Hernán López. El primero era tan pobre como yo y había llegado desde Temuco para continuar su educación. Era de origen greco-libanés y, como no podía ser de otra manera en Chile y en otros países latinoamericanos, le apodábamos "el turco".

Vivía enamorado de la hija de la señora que lo había recibido en una pensión. Siempre con hambre y siempre discutiendo conmigo sus ideas de izquierda entre pitada y pitada de su eterno cigarrillo.

Años después Salomón sería una de las víctimas de la dictadura militar por sus ideas izquierdistas. Me enseñó que escribir no era una empresa tan difícil. Primero había que tener una idea definida y si la desarrollaba bien podía ser una gran historia, como el ladrillo que termina por ser un castillo. Todo dependía de uno y del cariño que tuviera por las palabras.

Recuerdo que leía emocionado sus primeros cuentos, muchos de ellos sacados de la imaginación que surgía de leer los titulares de los diarios sensacionalistas de la época, como aquel del hombre atado por delincuentes a la vía férrea que pensaba en lo triste que había sido su vida mientras sentía vibrar los rieles y la aproximación del tren que le causaría la muerte.

Durante nuestros años universitarios escribía para una revista de ultra izquierda y lo siguió haciendo desde la clandestinidad durante el régimen militar que había derrocado al presidente Allende el 11 de septiembre de 1973.

Fue arrestado por los servicios policiales del régimen y tras ser puesto en libertad se asiló en Inglaterra. En una escala de mis viajes por el mundo logré ubicarlo en su hogar de Colchester, donde vivía con su mujer chilena y sus dos hijos.

Fue un encuentro triste durante el que recordamos nuestros días de estudiantes de liceo y de universidad y de cómo la vida nos había empujado por sendas diferentes hasta convertirnos en extraños.

En esa conversación comenzaron a surgir los personajes de nuestra última infancia y de la primera adolescencia, de nuestros estudios y de quienes habían sido compañeros universitarios.

Entre ellos, hablamos de "El Gato" Fernández, un personaje tenebroso que encabezaba un grupo de seguidores que en la escuela aprovechaban nuestra mansedumbre y se burlaban de nuestros afanes literarios y de nuestro amor por la buena música.

En medio de los sucesos trágicos que comenzaron tras el golpe militar nuestro enemigo del liceo había ingresado en la tenebrosa Dirección de Inteligencia Nacional (DINA) dedicada a arrestar, asesinar o hacer desaparecer a los opositores de izquierda.

En su relato Salomón me contó que fue precisamente ese "compañero" de escuela el que dirigió las sesiones de tortura a que él fue sometido en un centro de detención en Santiago hasta que se determinó que, aun siendo un izquierdista, mi amigo de andanzas infantiles nunca había escrito o hecho algo que pudiera ser un crimen a los ojos del régimen.

Salomón me contó en aquella tarde gris de Colchester que El Gato Fernández decía siempre cuando ingresaba a una habitación sin ventanas y una sola luz en la que eran torturados los supuestos enemigos del régimen: "no lo tomes a mal. No es nada personal, turquito. Cada uno tiene que hacer su trabajo y yo estoy haciendo el mío".

Siempre había considerado a Salomón uno de mis mejores amigos y no desaproveché la oportunidad para preguntarle por qué, en una ocasión que yo había llegado a Santiago para informar sobre el régimen militar, me había dado la espalda cuanto intenté saludarlo y abrazarlo después de tantos años que no nos veíamos.

El incidente ocurrió en una parada de autobuses y yo había descendido de uno de ellos junto a mi esposa.

Me explicó que había sido detenido hacía algunos días y que, aparentemente, era seguido por agentes del régimen militar que pretendían identificar sus contactos.

"Si te hubiese saludado te habría hecho pasar un mal rato pues seguramente te habrían detenido para interrogarte….y esos interrogatorios eran muy serios, créeme", me dijo.

López, que también era un fumador empedernido, nos hablaba de su casa, del salón familiar, de la fastuosa comida que lo esperaba todos los días. Hasta que descubrimos que vivía en una casa humilde y era tan miserable y hambriento como nosotros.

Años después lo encontré trabajando como cajero en un banco de Santiago y me contó que había hecho una fulgurante carrera en el mundo financiero, que vivía en las cercanías de la cordillera, es decir los sectores aristocráticos de la ciudad, y que se trasladaba desde allí en un automóvil último modelo. ¿Sería acaso la misma fantasía de su infancia? Nunca lo supe.

Casi siempre después de salir de clases y fumarnos un cigarrillo nos juntábamos Salomón, López y yo con el flaco Carlos Neri, otro compañero que medía casi dos metros y se avergonzaba de andar por la calle con nosotros tres que no pasábamos del metro 60.

Nuestra gran diversión después de las clases vespertinas era pararnos en una esquina e imitar a los evangélicos que cada tarde ofrecían sus sermones públicos ante la indiferencia de los transeúntes.

Con cara inocente y los libros bajo el brazo, uno de nosotros comenzaba a orar y a lanzar un discurso aparentemente religioso. Hasta que alguien se daba cuenta de que lo que estábamos hablando no tenía nada que ver con religión ni nada parecido.

Entre palabrota y palabrota cada una de nuestras alocuciones era una mezcla de términos altisonantes, de lugares comunes y de consignas políticas de izquierda o de derecha.

A esas reuniones en una esquina a pocas cuadras del río Mapocho al caer la tarde se sumaba nuestro profesor de psicología y filosofía, un señor de apariencia calamitosa y dientes manchados por la nicotina que se ganaba la vida haciendo clases de una materia que el mismo reconocía que no servía para nada. Se acercaba a nosotros y nos decía compungido: "¿Tienen un cigarrito, cabros?".

El señor Paredes volvería a aparecer en nuestra vida universitaria y fue el personaje central de un cuento escrito por Salomón y hasta, por coincidencia, de una canción de éxito que se llamaba "Un café para Platón". Aunque no le tenía un amor especial a la profesión elegida, había decidido continuar los estudios para graduarse como profesor de filosofía en el Instituto Pedagógico de la Universidad de Chile.

Fueron buenos años aquellos de mi educación secundaria: un tiempo de fiestas, de "malones", que casi todos los fines de semana se organizaban en la casa de las hermanas Méndez, donde vivíamos nuestros romances, donde tomábamos "Cuba libre", una mezcla de Coca Cola y un asqueroso ron perfumado que nos hacía sentirnos grandes.

También fue un tiempo de partidos de fútbol, de las canciones azucaradas de Paul Anka, Brenda Lee y Neil Sedaka, de novelas rosas y películas simplonas donde el Bien siempre se imponía al Mal.

Recuerdo a Salomón en esas fiestas juveniles cuando bailaba con la Violeta, una flaca de ojos azules y de enorme nariz aguileña. Mejilla a mejilla y batiendo sus largas pestañas moras le preguntaba al oído amorosamente: "¿Te gusta JUAN Sinatra?".

Mientras tanto, el Lalo Durán insistía en que no estaba enamorado de la Teresa, una chiquita hermosa de ojos claros y piernas flacas y muy arqueadas. Decíamos que en vez de tomar el autobús para asistir a clases en realidad llegaba montada en un brioso caballo.

En cuanto terminaron nuestros estudios secundarios el Lalo y la Teresa contrajeron matrimonio que aportó tres hijos a la clase media chilena.

El flaco Neri, entre tanto, seguía enamorando a la Faride, una niña hermosa y maciza de origen sirio que vivía en Recoleta, considerado entonces el barrio de los "turcos" y ahora invadido por los comerciantes coreanos y chinos.

Mis amores estaban dirigidos a una compañera de clases que no concurría a esas fiestas porque sus padres lo prohibían. No era gran problema. Mejor todavía. Su ausencia me eximía de compromisos y me permitía llegar a la fiesta con mi equipo de fútbol y quedarme hasta el amanecer acatando la consigna de mi madre que siempre me aconsejaba llegar a casa temprano, pero al día siguiente.

Eso significaba no andar por calles peligrosas durante la noche y ser el primero al borde de la cancha de fútbol, listo para entrar en acción.

La felicidad irresponsable de aquellos años terminó cuando hubo que tomar una decisión crucial: continuar estudiando o sumarse a la fuerza laboral del país.

Con Salomón decidimos que no teníamos nada que perder y rendimos la prueba que entonces se llamaba bachillerato (algo así como la actual Prueba de Selección Universitaria) para ver qué posibilidades teníamos de llegar a la universidad.

Las esperanzas de éxito eran muy escasas. No habíamos sido los mejores alumnos de esa escuela. Ni siquiera yo sabía qué iba a estudiar. A Salomón lo único que le preocupaba era la literatura y la política. Eso de la química, las matemáticas y la física le tenían sin cuidado.

Los compañeros y compañeras del liceo nos descartaron casi de inmediato. Se preguntaban cómo podíamos abrigar esperanzas universitarias. A decir verdad, a nosotros tampoco se nos pasaba por la cabeza un gran éxito.

Rendimos la prueba del bachillerato y aunque los resultados no fueron maravillosos, alcanzaron para abrigar esperanzas de ingresar a estudiar algo en la universidad.

Se abría un nuevo capítulo en nuestras vidas y yo contaba con la promesa de una beca prometida por el cardenal Raúl Silva Henriquez para estudiar Derecho en la Universidad Católica.

Ese sueño duró poco. Cuando llegué a inscribirme en la cola, delante de mí, estaba el Tito Fouilloux, un astro del fútbol chileno que, precisamente, jugaba por la Universidad Católica, considerado el club de los ricachones del país, representativo de las clases altas y adineradas. El también iba a seguir la carrera de las leyes.

Peinadito y bien arreglado, el futbolista lucía un traje gris, camisa blanca y corbata azul. Yo andaba con un pantalón andrajoso que había sobrevivido a mil batallas, zapatos rotos y algo que se parecía a una camisa.

Para peor, la mujer que atendía en la ventanilla me dijo con la mejor de sus sonrisas: "Muy bien, para recibir su inscripción debe abonar" no me acuerdo qué tanto dinero. Si apenas me había alcanzado para pagar el pasaje del autobús.

Me di media vuelta, salí de ese lugar palaciego por cuyos pasajes corría la brisa fría de las iglesias y nunca volví a la Universidad Católica.

Había muchas razones de peso y de "pesos". Pero, sobre todo, no quise repetir la triste historia de mi primer año de educación secundaria en aquel colegio inglés de narices respingadas y de alumnos que viajaban a Europa durante las vacaciones.

Y, si hubiese querido someterme a esa tortura, tampoco tenía dinero para pagar los estudios universitarios en la Escuela de Derecho de la Universidad Católica.

La única alternativa que tenía entonces era la Universidad de Chile, donde sólo había que pagar una inscripción y que podría estar a mi alcance siempre que tuviera la ayuda de mi hermana y pudiese subsistir con algún trabajo.

Además, ni siquiera tenía que endeudarme de manera perpetua como les ocurre ahora a los estudiantes chilenos que tienen la ilusión de ser alguien en la vida.

Encaminé mis pasos hacia el sector de Macul, por allá por la Avenida Pedro Alessandri, donde está el Instituto Pedagógico junto a la Escuela de Periodismo. Lo veía muy fácil. Bastaba inscribirme y en cinco años convertirme en un profesor de inglés y, de paso, mirar de cerca a esas universitarias tan hermosas.

Allí me encontré una vez más con mi amigo Salomón, también aspirante a ser profesor de inglés o de literatura.

Pero los candidatos a esas carreras, especialmente la de pedagogía en inglés, eran centenares y las vacantes muy pocas. Como en esto de la oferta y la demanda no hay injusticias, los puntajes exigidos eran muy altos y ni los míos ni los de Salomón eran suficientes.

Nos negaron la matriculación en inglés y nos quedamos de brazos cruzados con la angustia de que se hubiesen acabado nuestros años de estudiantes sin siquiera haberlos comenzado.

Algo nos empujó a insistir en quedarnos en el Pedagógico. Tal vez fueron sus jardines perfumados, sus prados, sus salones, o las hermosas compañeras que podíamos tener. Otra cosa fue que quedar de alumnos en lo que fuera nos permitía darnos el título de "universitarios" algo que daba mucho lustre en esos tiempos.

O a lo mejor haya sido el ambiente de discusión abierta, de diálogo político, de preocupación por lo que ocurría en el país.

Vimos encantados que la universidad no era como la escuela de donde veníamos y donde lo único que se hacía era entrar a clases y aprender todo lo que nos metían en la cabeza. Sin discusión, sin poner en duda nada de lo que nos dijeran, acatar lo que decía el profesor.

En la universidad si nos daba la gana no entrábamos a clases y nos quedábamos a retozar en los prados junto a las hermosuras que nos hacían delirar o a escuchar las disertaciones políticas de algunos compañeros, las cuales aumentaban en número e intensidad.

También, si estábamos lo suficientemente preparados, podíamos discutir las enseñanzas de los profesores sin el miedo a sufrir un castigo.

Nos inscribimos en otras carreras de la pedagogía. Salomón en alemán y yo en francés. Tal vez si lo intentábamos al año siguiente podíamos entrar a inglés.

Lo logramos. No porque fuéramos alumnos muy brillantes. Nos favorecía el hecho de que en nuestro primer año universitario habíamos aprobado con buenas calificaciones materias generales como Literatura General, Psicología, Sociología y Latín.

Era 1962, año del Mundial de Fútbol en Chile. Y como la excusa para este largo relato era explicar por qué me convertí en periodista, creo que fue el año que dio un vuelco a mis aspiraciones y me encaminó hacia esta profesión.

Estábamos Salomón y yo en el Parque Forestal, cerca de donde estaba hasta hace unos años la embajada de Estados Unidos, y a pocos metros del río Mapocho.

Con nuestros libros en el suelo, pobretones como siempre, hablábamos de los últimos éxitos musicales, de política, de fútbol y de literatura, además de nuestros amores juveniles y nuestras inexploradas fantasías sexuales.

Se nos acercó un hombre joven, rubio y macizo. Trató de hablar en español y por su acento nos dimos cuenta de que era alemán. Dijo ser uno de los periodistas que se habían dejado caer en Chile para cubrir el campeonato. Buscaba compañía femenina porque le habían hablado de la fama de las chilenas.

Salomón le respondió en alemán y trató de resolverle el problema. Pero yo no entendía mucho de lo que hablaban y quería intervenir en la conversación. Le pregunté entonces al periodista si hablaba inglés o francés y respondió que sí, por supuesto hablaba inglés.

Se entabló así una larga conversación en la que el alemán nos tiró de la lengua y nos sacó la información para un artículo que aparecería en su diario pocos días después.

Nos dejó bastante bien parados a los chilenos, luego de que la prensa italiana señalara que los chilenos éramos poco menos que salvajes habitantes de un país subdesarrollado.

Para hacer más grave esa animadversión italiana hacia los chilenos, en uno de los partidos del campeonato mundial el equipo de Chile venció a la escuadra "azzurra" y Leonel Sánchez, el puntero izquierdo local, dejó fuera de combate a un rival con un potente zurdazo al mentón sin que el árbitro se diera por enterado.

Con los artículos que escribió para su diario el periodista alemán trató de borrar la imagen de subdesarrollo y salvajismo que existía entre los europeos en relación con los latinoamericanos.

Para él había sido increíble encontrar en Chile a dos muchachos harapientos que hablaban inglés o alemán con todo desparpajo, que estuvieran enterados del devenir político mundial y que tuvieran algunas ideas de la economía, de literatura y de música.

Parece que después de hablar con nosotros investigó más porque nos describió como ejemplos típicos de un país formado por inmigrantes que llegaron desde todas partes a un rincón lejano y pobre de Sudamérica: Salomón, de origen árabe y griego. Yo, una especie de símbolo de los habitantes del país: pequeño, moreno, con rasgos indígenas y del Medio Oriente y algo de sangre española.

Su artículo también hablaba de los problemas sociales, económicos y políticos de Chile y de los esfuerzos que habían hecho el gobierno y las autoridades deportivas para organizar un campeonato mundial de fútbol en medio de las dificultades económicas que se habían recrudecido como consecuencia de un destructivo y mortal terremoto.

Quedé impresionado. ¿No era acaso lindo ser un periodista, tener dinero para gastar en mujeres, comer en los mejores hoteles, viajar, hablar muchos idiomas?

Pero era un sueño. Ya me había hecho la idea de que iba a ser profesor de inglés o tal vez, con mucha suerte, locutor; que viviría siempre en Chile y de que las probabilidades de que hiciera fortuna eran ínfimas.

Entre tanto, tenía que seguir ganándome la vida. Pero ya no estaba para cuidar automóviles en el estadio de la Unión Española o vender bebidas gaseosas en el Estadio Nacional. Me aterrorizaba la idea de que mis lindas compañeras universitarias me vieran entre el público vendiendo bebidas gaseosas o limosneando una propina.

Era pobre, pero tenía algo de orgullo. Más aún, un humilde vendedor de bebidas o cuidador de coches no era buen candidato para romances universitarios que eran lo que llenaban mis fantasías juveniles.

Por esos años ya había comenzado a ganarme algunos pesos haciendo clases privadas a los hermanos de algunos amigos con bastante éxito económico y pedagógico.

De eso se enteró un amigo de mi cuñado, casado con mi hermana. Eduardo Smith, a quien apodábamos "el gringo" a pesar de que era de origen inglés, me pidió que diera clases de aritmética a Carmen, su hija mayor.

No me podía negar. Era una muchacha alta, de ojos verdes, pelo castaño reluciente y un cuerpo hermoso. Tanto que fue Miss Chile y representó al país en el concurso Miss Mundo que se realizó en 1968 en Londres.

Su hermana, Mónica, a la que también le di clases, le siguió los pasos y postuló sin éxito al título de Miss Chile al año siguiente. Una tercera hermana, Janet, también fue reina de belleza.

Las clases a la Carmen Smith y a su hermana no fueron de inglés ni de francés, si no de aritmética. Nunca había sido un astro de las matemáticas, pero había que hacer el esfuerzo y acepté el desafío. Con tanta suerte que su padre me recomendó como profesor auxiliar en el colegio donde estudiaba la Carmen.

Llegué a la Escuela de las Monjas Argentinas, cuya directora era una religiosa inglesa, como profesor de Matemáticas. La necesidad no tiene vergüenza. Y saqué mi mejor y único recurso para impresionarla. Le hablé en inglés.

Se quedó feliz y me asignó clases de recuperación a un grupo de alumnas de entre 14 y 15 años. Nunca había ganado tanto dinero, y sin siquiera ensuciarme ni estirar la mano para recibir la limosna que me pasaban los dueños de los automóviles que habían confiado en mí mientras miraban el fútbol en el estadio Santa Laura.

Además, fue masoquismo puro. Me sentía rodeado por mis alumnas, adulado por su coquetería y angustiado porque tenía que frenarme ante tantos encantos.

Pero el año escolar terminó, muchas de mis alumnas fueron aprobadas, otras no tanto y me quedé de brazos cruzados. Un desempleado más. Se avecinaban meses estivales muy largos y penosos para mí.

Pero me había gustado eso de enseñar. Constatar que alguien ha entendido lo que uno quiere fijar en su mente era como meter un gol, dar un beso, o doblar un recodo del camino y encontrarse frente a un paisaje de montañas y el rocío limpio de una mañana. (Ya me había puesto cursi en esto de la enseñanza).

Sobreviví como pude ese verano y me dispuse a enfrentar mi segundo año de inglés en el Pedagógico que ya estaba convertido en un centro de discusión política donde se incubaban los primeros indicios de los extremismos de izquierda y derecha que serían después los que detonarían la crisis política que condujo al golpe de estado.

Le llamaban "El piedragógico" porque desde allí se iniciaban las manifestaciones estudiantiles que generalmente terminaban con ataques a pedradas contra cualquier blanco: policías, embajadas, ministerios o autobuses.

Recordé entonces una promesa que me había hecho el director del liceo donde había cursado mis últimos años de educación secundaria. Casi por compromiso me dijo con su característico estilo ceremonial: "Negro: si llegas al Pedagógico y de verdad quieres convertirte en profesor ven a verme. Yo te doy trabajo".

Me presenté una tarde de marzo en la misma escuela donde había estudiado años antes. Y allí estaba el director. Ni siquiera se acordaba de mí, pero se interesó cuando le dije que estaba en el Departamento de Inglés del Pedagógico y que en unos años más, si todo resultaba bien, tendría mi título de profesor de inglés.

Sin un preámbulo para determinar si era verdad lo que yo decía, informarme de lo que iba a ganar o negociar cuántas horas iba a trabajar tomó un libro grande y verde. Lo puso en mis manos y me dijo: "aquella sala es el tercer año. Desde hoy eres el profesor de inglés del Liceo Nocturno Avenida Recoleta".

Muchos de quienes asistían a esas clases nocturnas lo hacían para completar su educación, para aspirar a un mejor trabajo o simplemente porque no tenían otra cosa que hacer.

Eran personas de edad mayor que arrastraban largos lazos de amistad y compañerismo. Había señoras casadas, desempleados jóvenes y viejos y otros a quienes les había llegado tarde el afán de superación y pretendían recuperar el tiempo perdido. Yo tenía 19 años.

Al entrar a la sala con el libro de clases en las manos alguien me miró y dijo con burla: "¡Chihh. Este huevón se cree profesor!"

Ese sería mi mejor alumno. Aquel curso fue una eterna ronda de amigos que aprendían inglés, se reían conmigo, me invitaban a sus fiestas y a jugar fútbol. Siempre decían que era reconfortante pegarle una patada al maestro sin sufrir las consecuencias.

Además, en las sombras había establecido una relación sentimental con una de mis alumnas. Extraño caso ese de lo que pudiera denunciarse ahora como de acoso sexual. Cierto que era el profesor y estaba en una posición jerárquica. Pero yo era un adolescente y ella tenía unos 30 años.

Era una edad en la que había que tener resistencia. Me levantaba a las seis de la mañana para asistir a clases en el Pedagógico, en el otro extremo de la ciudad. Estaba con mis alumnos hasta la medianoche y muchas veces más allá, con mi alumna nocturna.

Ella no aprendió mucho inglés y yo fui un alumno avezado en esas otras materias que no figuraban en el libro de la pedagogía.

El sábado por la noche acudía a las fiestas que mis alumnos organizaban cada semana y en las que era invitado especial. Como si fuera poco, los domingos por la mañana tenía que jugar por su equipo de fútbol.

Llegó diciembre, fin del curso. El director ofreció una cena a los profesores nuevos. Después, todos a casa. Y otra vez de brazos cruzados.

El panorama era muy desalentador. Me había convertido en el principal sostén económico del hogar con mi exiguo sueldo de profesor improvisado. Pero durante los meses del verano no había salario y hasta reanudarse el año escolar en marzo no habría dinero.

Fue allí cuando intervino mi hermana que no perdía oportunidad de instarme a seguir adelante, a no dejarme vencer por las adversidades. Me dijo que no era mala idea si me acercaba a El Mercurio, a la agencia de noticias de la cual había sido mensajero durante mi infancia.

Tal vez me recordaran y me ofrecieran trabajo. Podía ser nuevamente un mensajero, ayudante, lo que fuera para superar las angustias económicas estivales.

Le hice caso y llegué hasta donde don Francisco Quintana, un señor español que había llegado tras la Guerra Civil en su país a través de Francia. Era el corresponsal de la agencia británica Reuters y aunque hablaba francés, sus conocimientos de inglés eran mínimos.

Me miró con cierta suspicacia y parecía no creer que yo hubiese sido aquel muchacho muy moreno y chico que se encargaba de alimentar con tinta a los anticuados teletipos, el que recogía los papeles y los llevaba a la basura, el amigo de los linotipistas, el que salía por las noches a repartir las noticias a las radioemisoras y diarios de Santiago.

Me preguntó qué había hecho durante los últimos años para creer que me podía dar trabajo. En realidad, aparte de dar clases de inglés o de aritmética a los amigos o a las alumnas del colegio de monjas o de esa escuela nocturna, no había hecho nada especial.

Lo de inglés le interesó. Ordenó que me sentara junto a una máquina de escribir, esas viejas Underwood, y me pasó el texto de una noticia que se aprestaba a transmitir a Londres. Tenía que traducirlo al inglés.

Los resultados de mi primera traducción fueron buenos y me ofreció trabajo de inmediato. Iba a ganar cuatro veces lo que recibía como profesor. Debía trabajar desde las cinco de la tarde hasta la medianoche. Tenía que vigilar lo que estuviera ocurriendo en el país y transmitir la información a Londres, en inglés o a Buenos Aires en castellano.

Rodeado por el acento español, de cinco de la tarde a la medianoche, vigilando las noticias. Así es como comencé a ser periodista. Así es como terminé de serlo.

LOS PRIMEROS PASOS

How many seas must a white dove sail
before she sleeps in the sand?
The answer my friend is blowin' in the wind
The answer is blowin' in the wind (Bob Dylan)

Pero el proceso fue largo, difícil y sufrido. No fue cuestión de llegar el primer día, escribir la gran noticia, el reportaje grandioso o hacer una entrevista al personaje del momento.

Tuvieron que pasar muchos meses antes de que pudiera pensar que era realizable el sueño, aquel sueño que había comenzado frente a un periodista alemán en busca de las amistosas mujeres chilenas durante un campeonato mundial de fútbol.

Era poco lo que había visto de hacer periodismo entre aquellos redactores, cuando había sido mensajero en los años de mi niñez. Hora tras hora maltrataban la máquina de escribir y traducían las noticias del inglés. No salían a la calle a reportear, no entrevistaban a nadie y nunca escribieron algo original.

Esa sala de redacción no era otra cosa que una fábrica de chorizos en la que las páginas traducidas salían encadenadas para que yo les sacara copias y partiera a distribuirlas entre las radios y las oficinas de El Mercurio, y los otros diarios vespertinos, Las Ultimas Noticias y la Segunda.

Comencé por lo más fácil: recibir las noticias a través de uno de esos teletipos que eran desechos de la II Guerra Mundial y que producían un ruido ensordecedor con su tecleo incesante. Las leía, les ponía acentos y comas y a veces les agregaba o sacaba una palabra para que más o menos se entendieran.

Y para no perder el estado físico adquirido durante mis años de mensajero las entregaba personalmente en las oficinas de los diarios de la empresa o en las de las radioemisoras en el centro de Santiago.

Mi gran contribución consistía de vez en cuando en traducir al inglés y poner en estilo de cablegrama una noticia para ser transmitida a Londres.

Eran los tiempos de las desaparecidas oficinas que transmitían a través del sistema Morse o del cable submarino y que cobraban por palabra.

Las computadoras, el fax, internet o las comunicaciones por satélite eran una cosa de ciencia ficción y una llamada telefónica precisaba de una operadora en cada extremo, horas de espera y un saco de plata para pagarlas.

El escenario de mis primeras andanzas definitivamente "periodísticas" fue El Mercurio, aquel vetusto edificio que ahora es un sucio esqueleto enclavado en pleno centro de Santiago y que cubre un agujero convertido en nido de ratas, frente a lo que fue el edificio del Congreso de Chile, trasladado tras el retorno de la democracia al puerto de Valparaíso.

El Mercurio se hacía llamar "el decano de la prensa" de Chile y muchos decían que la versión del mismo diario, El Mercurio de Valparaíso, era la más antigua del continente. Nunca supe si era cierto. Tenía mis sospechas y me olían a uno de los tantos mitos con que nos embaucaban los patrioteros, como aquel de la bandera chilena y el himno nacional.

En esos momentos en que se recrudecía la polarización política en Chile, El Mercurio era considerado el símbolo o un baluarte de la derecha, de los sectores empresariales y de las aristocracias más rancias.

La mayoría de los que trabajaban allí, periodistas y empleados, buscaban establecer las diferencias que, supuestamente, les separaban de los sectores populares, "los de los rotos, pues mi viejo", según me insistía uno de ellos con voz almibarada.

Y hablaban con un tono arrogante insertando palabrotas, pero no groserías. De vez en cuando, al término de cada frase, agregaban el tradicional "huevón" chileno, pronunciado con todas sus letras; no aquel "..weón" popular. "Es necesario establecer la diferencia con los rotos, mi viejo", me decía uno de ellos como explicación.

A El Mercurio se entraba como a una iglesia, a través de una enorme puerta de madera labrada y un corredor de mármol blanco que conducía a un gran salón en cuyos costados estaban los mostradores donde se recibían los avisos económicos.

Para llegar a la oficina, si no abordaba un vetusto ascensor que parecía una jaula de leones, ascendía por una escalera también de mármol y pasamanos de madera lustrada. En la mitad de la escalinata había un descanso sobre el cual daba la hora un enorme reloj de manecillas y horas en números romanos.

En el segundo piso, a lo largo de un corredor, se encontraban las agencias de noticias que servían a la cadena de diarios de la empresa y la sección de Cables, la sección de Espectáculos y la corresponsalía de El Mercurio de Valparaíso.

Allí mismo, donde había sido mensajero, comencé a construir mi carrera periodística esta vez como joven estudiante universitario que algún día sería profesor de inglés. También fue el lugar donde inicié una relación que sería la de crear una familia.

Pero era el periodismo lo que me captaba toda la atención. Me había olvidado del sueño de la locución y en mi atrevimiento no tenía muy en cuenta mi inexperiencia y mis enormes limitaciones.

Era un ignorante en economía, sabía poco de política y las cuestiones diplomáticas me tenían sin cuidado. Mi mundo era el de los amores juveniles poco correspondidos, las peripecias del fútbol y el éxito musical de la semana.

Por ahí empecé: dando la lista de los resultados del fútbol de primera división e informando sobre éxitos musicales, además de la tediosa faena diaria de poner acentos, comas y mayúsculas a las noticias que vomitaba el teletipo.

Pero no era tiempo perdido. En aquella pequeña oficina donde apenas cabían dos escritorios, entre cigarrillo y cigarrillo, ese señor madrileño me obligaba a leer los diarios, a enterarme de lo que estaba pasando, sin preferencias: el precio del cobre, una acusación constitucional contra un político, un doble asesinato, la lesión de un jugador de fútbol o los aprietos de un cantante sorprendido en maniobras criminales.

Y mientras leía y leía los diarios para estar enterado de todo, él me recitaba los principios básicos: quién, cuándo, dónde, cómo, y sobre todo quién lo dijo.

"Debes ser objetivo, independiente, contar la historia de la manera más simple posible y siempre presentar ambos puntos de vista a favor y en contra, no asumir partido. En este trabajo no caben los compromisos políticos. Nada de adjetivos, exageraciones; cuenta las cosas como son y deja que los hechos hablen por sí solos", me decía una y otra vez con su acento madrileño.

En resumidas cuentas, hacer todo lo que hacemos los periodistas de agencias de noticias. Narramos cualquier cosa y nos empapamos de todo, sin mojarnos el poto. Nada de tomar partido en favor o en contra de nada.

Nunca mi primer jefe en el periodismo había oído hablar de "la teoría del caos", esa que un científico creó para disculparse cada vez que metía la pata con sus pronósticos meteorológicos errados.

Don Paco argumentaba que en un sistema tan complejo era imposible predecir con alguna precisión cuál sería el estado del tiempo con más de dos semanas de anticipación.

Como ejemplo, siguiendo la entonces desconocida teoría del caos, aseguraba que el constante aleteo de una mariposa en Brasil podía desatar días después un tornado en Texas, un huracán en Florida, o un tifón en el sudeste asiático.

Tampoco estaba muy errado cuando me decía que cada hecho, aunque mínimo, tenía su propia importancia y que no debíamos perder de vista la posibilidad de que influyera en otra situación impensada. Por eso había que mantenerse vigilantes. Seguro que lo que estaba pasando en Chile iba a tener repercusiones.

Los ejemplos no le faltaban como el de las manifestaciones estudiantiles en Europa que, de alguna forma se harían sentir en la lejanía de nuestro continente latinoamericano, o aquel de la volcadura de un camión en uno de los caminos de la mina de cobre de Chuquicamata, en el norte de Chile.

"Los que están interesados en esa información seguramente comprarán cobre ahora para sacar jugosas ganancias en unos tres meses, cuando se sientan las consecuencias del accidente que ha cortado una de las líneas de producción de la mina y la cotización suba", me decía.

Lo mismo ocurría con una ola de frío antártico en Buenos Aires. "Verás que aumenta el precio del café porque en unos días más habrá heladas en el sur de Brasil que quemarán los cafetos", auguraba en un vaticinio que generalmente se cumplía de manera fiel.

Con sus años de zorro viejo experimentado en las noticias y una guerra civil a sus espaldas, ese señor español me advertía de que no podía ignorar que la llegada del comunismo a Cuba iba a influir en lo que pasaría en América Latina.

Y aplicaba los principios de la física para decirme que siempre a una acción sigue una reacción. "Si se entroniza la izquierda en el poder, tendrá que haber una respuesta de la derecha. El triunfo de Fidel Castro en Cuba no será una cosa aislada. Ya verás", decía.

Eran palabras sagradas para mí. Nunca supe si don Francisco Quintana vivió para confirmar sus vaticinios agoreros.

Se sucedían entonces los levantamientos estudiantiles en Europa, se incrementaba la reacción contra la guerra de Vietnam en Estados Unidos y en el mundo. Paralelamente, se imponía cada vez más fuerte y de manera cruenta el dominio de los militares en América Latina.

Pero en mi bestialidad política yo no entendía mucho y repetía la consigna arrogante sobre la pureza democrática chilena que había leído o escuchado en alguna parte: "Somos un país democrático que respeta todas las ideas. Los militares chilenos son profesionales, no intervienen en política. Eso podrá ocurrir en otros países del continente. En Chile somos una verdadera democracia…. la Suiza del continente".

En esa inmersión nocturna continuaba asistiendo a la universidad por las mañanas y los aleteos políticos de la mariposa habían comenzado a soplar primero como brisas amenazantes y después como huracanes entre las ramas de los frondosos árboles del Pedagógico donde crecía el antagonismo político.

Ya no me interesaba mucho el apostolado magisterial. Le había comenzado a tomar el sabor a las noticias y no podía alejarme de una compañerita italiana de la universidad que me tenía loco de amores y que muchas veces llegaba hasta El Mercurio y me hacía corto el turno de trabajo.

En afanes más románticos que estudiantiles comencé a atisbar cómo crecía la marea dialéctica, cómo se alejaban los extremos, cómo las conversaciones sobre asuntos de actualidad se convertían en discusiones airadas y después en enfrentamientos físicos y violentos.

Eran los tiempos de los Beatles y en los confines de nuestro Departamento de Inglés nos aislábamos del debate y tratábamos de tararear sus canciones.

En los prados algunos entonaban la Internacional Socialista, aparecían grupos extremistas de izquierda como Espartaco y otros disfrazados de rojo que se convirtieron después en lo que sería Patria y Libertad, de ultra derecha.

Izquierdistas y derechistas enfrentados a puñetazos y pedradas con un fanatismo cada vez mayor, mientras John Lennon y sus tres compañeros gritaban a los cuatro vientos: "All you need is love, love. Love is all you need".

Así es como conocí al entonces demócrata Luis Maira que era presidente de la Federación de Estudiantes de Chile y después se convirtió en legislador y embajador de Chile en Argentina, al escritor Ariel Dorfman, y al Pepe Carrasco que estudiaba en el Departamento de Castellano.

Había activistas políticos de todos los colores. Algunos se beneficiaron después con la llegada de los militares. Otros tuvieron que huir al exilio, como mi amigo Salomón, tras ser torturado.

Y hubo muchos que sufrieron peor suerte y desaparecieron o se les encontró acribillados en una zanja inmunda al borde del camino, como al Pepe Carrasco, que seguía cursos paralelos en la Escuela de Periodismo y en el Departamento de Castellano del Pedagógico.

No fuimos amigos del alma, pero sí compartimos partidos de fútbol, fiestas estudiantiles y hasta reuniones de corte político con el Pepe Carrasco y algunos de sus compañeros que intervenían en cualquier manifestación política.

Sin embargo, su muerte de la cual conocí cuando me encontraba en México me golpeó especialmente porque fue una ilustración de los años amargos que vivieron algunos de mis amigos en Chile, muchos de los cuales no eran ni siquiera elementos de la extrema izquierda sino que apenas aspirantes a lograr el retorno de la democracia.

Miembro de una familia de clase media el Pepe Carrasco nunca se manifestó en la universidad como un izquierdista vociferante y bajo la dictadura se declaró defensor de los derechos humanos y, sobre todo, de la libertad de expresión.

Pero, después del golpe y cuando era dirigente del Movimiento Revolucionario (MIR) fue arrestado, torturado y enviado a un centro de detención donde encabezó una huelga de hambre de prisioneros políticos.

Recuperó la libertad dos años después y se marcho al exilio en Venezuela y México. A su regreso a Chile en 1984 reanudó su trabajo profesional y fue editor de la revista Análisis y corresponsal de diario mexicano Uno más Uno.

Agentes del régimen militar lo arrestaron en su casa durante la noche y el cadáver fue encontrado en una zanja de los alrededores de Santiago el 8 de septiembre de 1986, un día después de un atentado contra la vida de Pinochet.

Los años previos a la intervención militar del 11 de septiembre de 1973 cuando éramos estudiantes universitarios fueron un tiempo de definiciones políticas.

No había espacio para medias tintas. No había escapatoria en ese ambiente. Uno tenía que pronunciarse a favor o en contra en las universidades, en el trabajo, en cualquier parte.

Si uno no estaba de acuerdo con el socialismo, era un derechista reaccionario, un "momio". Si propugnaba ideas como las que entonaba Fidel Castro en sus primeros años en el poder, era un "upeliento" dispuesto a entregar Chile al comunismo.

En aquel ambiente hostil y politizado al entonces presidente de Venezuela Rafael Caldera, se le ocurrió la mala idea de dignar con su presencia a nuestro querido Pedagógico.

Como era demócrata cristiano, un indefinido políticamente, según afirmaban, lo atacaron a tomatazos, escupos y cáscaras de frutas con igual saña los de la izquierda como los de la derecha y tuvo que salir de allí con la cola entre las piernas.

Una cosa parecida le ocurrió a Robert Kennedy, entonces secretario de Justicia de Estados Unidos, cuando llegó a la Universidad de Concepción, también convertida en el hervidero político de la época.

En aquella atmósfera explosiva tuve mi bautizo como reportero. La culpa fue de la italianita a la que se le ocurrió unirse a un grupo que iba a protestar frente a la embajada de Estados Unidos en el Parque Forestal. Embobado como estaba, me fui detrás de ella.

En medio de la gritería, las consignas antiimperialistas, los chorros de agua del "guanaco" y la amenaza de los carabineros que se acercaban para dispersarnos, me di cuenta que la cosa era noticia y me retiré en busca de un teléfono para informar a don Paco de lo que estaba ocurriendo.

Me tiró de la lengua y me sacó todos los detalles básicos: cuándo, qué, dónde, quién, cómo, cuántos. Hasta me preguntó por la temperatura ambiental y, por supuesto, la participación de los carabineros en los disturbios.

La fuente de toda la información fueron "testigos", es decir yo mismo como suele ocurrir cuando el periodista no quiere ser parte de la noticia y está obligado a atribuir la información.

No me atreví a revelar a mi mentor periodístico que había sido uno de los manifestantes porque habría violado uno de sus mandamientos: no te involucrarás, serás objetivo, independiente. Empápate, pero no te mojes el poto.

Sin embargo, aun con los primeros atisbos de hostilidad política y, después, de violencia física, persistía el orgullo chileno sobre su educación democrática.

Recordábamos con insistencia que hasta hacía muy poco los ministros y el presidente no tenían remilgos para salir de sus oficinas e ir a tomarse un café en el local de la esquina y sin la protección celosa de agentes que parecían sordos porque llevaban audífonos metidos en la oreja y se miraban la muñeca a cada rato no para ver la hora sino para hablar con un colega.

Jorge Alessandri fue uno de los últimos presidentes de esa era democrática y de verdadera paz política. Cada tarde, al terminar las labores en el palacio de gobierno de La Moneda recorría caminando las cuatro cuadras que separaban a su apartamento frente a la Plaza de Armas.

"El Paleta" como se le apodaba, era un señor bastante anciano y decían los que se burlaban de él que sus grandes enemigos no eran los políticos de la oposición, sino los niños porque al arrastrar las patas de viejo les borraba las rayuelas marcadas con tiza sobre el suelo.

Como había sido un solterón derechista del cual no se conocían romances de ningún tipo se aseguraba que era homosexual.

UNA VISITA REAL

Por esos años llegó de visita a Chile la Reina Isabel II. La tarea de informar sobre sus actividades iba a ser titánica. Como representábamos a una agencia inglesa de noticias debíamos cubrir el acontecimiento de manera intensa y detallada. El único problema residía en que éramos solamente dos en la oficina y don Paco por sus años no estaba para trotes reporteriles.

Me tocó correr de un lado para otro. En uno de los actos tradicionales cuando llega una gran personalidad no puede faltar el de plantar un árbol.

La ceremonia debía realizarse en el Cerro Santa Lucía, un promontorio en pleno centro de Santiago desde el cual los conquistadores españoles habían fundado la ciudad de Santiago de Nueva Extremadura y que en la noche se le llama el Hotel Verde porque entre los árboles se ocultan para hacer el amor las parejas de uno y otro sexo, y también del mismo.

Me presenté para cubrir la ocasión vestido con mis mejores y únicas galas: traje de camisa y corbata para no desentonar a la espera de la monarca. Después de todo yo estaba allí en representación de una agencia británica de noticias y no podía mostrar la apariencia de un revolucionario.

Para presenciar el acto de cerca me había mezclado entre ministros y funcionarios y antes de que se iniciara la ceremonia debía realizarse la presentación protocolar de autoridades y funcionarios.

De pronto, avisaron que la Reina estaba llegando con su séquito y no supe para qué lado iba la cosa. En medio del alboroto quedé sorprendido entre los funcionarios que hicieron una fila para ser presentados a la Reina Isabel II.

"Fulano, ministro de tanto; Zutano, contralor de esto, Mengano, director de lo otro". Me tocó el turno y el Director de Protocolo me miró con los ojos redondos, mudo. Por suerte atinó a ver mi acreditación sobre la solapa......"periodista Lizama", dijo después de unos segundos.

Tomé la mano enguantada de la Reina Isabel II y con un suave apretón y mi mejor acento británico, le pregunté: "How do you do, madam?"

En aquellos años ese acto de plantar un árbol era de inclusión obligatoria en el programa de actividades de todo visitante, sin el frenesí de seguridad que ahora caracteriza la presencia de líderes de gobierno al extranjero.

Chile era un remanso de paz y a nadie se le hubiese pasado por la cabeza que la Reina Isabel II podía ser blanco de un atentado. Los chilenos seguíamos jactándonos de nuestra cultura política.

Centré mi atención en observar las piernas a la Reina y en ver cómo se ponía y se sacaba uno de sus zapatos debajo de la mesa. Parecía que estaba cansada.

Fue la primera vez que escribí una no-noticia. Dediqué la nota a los jugueteos de una reina con su zapato. ¿Que si se publicó en alguna parte? Ni idea. En esos tiempos no había medios inmediatos para determinar si alguien le había prestado atención.

Pronto llegó el invierno a Santiago, un invierno frío y húmedo y se anunció la posibilidad de que un club uruguayo, el Nacional, fichara los servicios del puntero derecho de la Universidad de Chile, Pedro Araya.

También en esos tiempos, la contratación de un futbolista chileno por un club extranjero era una enorme noticia.

Había que darle la mayor cobertura posible y don Paco era tan ignorante en cuestiones de deportes como yo en temas de economía y política. Como era el jefe decidió que tendría que encargarme del asunto. Lo primero era una entrevista.

Partí a la casa de Pedro Araya. Vivía a los pies de la Cordillera en una humilde casita a la que yo había llegado sorteando los charcos y la nieve. Fracaso total. La futura estrella internacional del fútbol chileno andaba entrenando y solo estaba su madre en casa.

No me quedó otro consuelo que hablar con ella y durante la conversación me dijo que le aterraba la posibilidad de que el "Peyuco" abandonara el hogar y que si ocurría se lanzaría a la muerte desde uno de los cerros del lugar.

No había sido un buen comienzo para lo que debía ser mi primera entrevista, pero la amenaza de suicidio lanzada por la madre del deportista ocupó grandes titulares en la prensa uruguaya.

UN PERIODISTA LEGAL

Poco a poco fui adentrándome en el bosque encantador de las noticias. Muchas veces con cosas intrascendentes y siempre siguiendo los fundamentos de don Paco: deportes, crónica policial, asuntos diplomáticos y, de vez en cuando, alguna nota de sociedad si pudiese tener alguna importancia internacional.

No metía las manos en el desarrollo político o en la economía. De eso no sabía nada. Tampoco había que dejar de lado el peligro de que yo, como novato en la profesión, fuera a cometer un error.

Pero no era cuestión de ser reportero improvisado. Mis actividades habían levantado las sospechas gremiales y llegado a oídos del Colegio de Periodistas la denuncia de que estaba ejerciendo la profesión sin licencia, título ni estudios especializados.

En esos tiempos existía la norma ineludible de estar colegiado tras haber cumplido cinco años de estudios en alguna escuela de periodismo. Y yo era apenas un estudiante del Pedagógico de la Universidad de Chile.

Don Paco me leyó la sentencia muy a su pesar. Estaba ejerciendo la profesión de manera ilegal. Me dijo que ya no podría escribir nada. Que mi trabajo se limitaría a traducir y que mi título sería el de traductor o intérprete, nada que tuviera que ver con actividades reporteriles. Ni siquiera se me permitiría editar ni poner acentos y comas a las noticias que llegaban por el teletipo.

Me explicó que no podía arriesgar su propio trabajo ni la presencia de la agencia de noticias en el país por permitir que en su oficina hubiera alguien ejerciendo la profesión de manera ilegal. Sentí como si me hubiesen arrebatado un manjar apenas después de probarlo.

Pero como en todas las cosas de la ley había un resquicio para seguir haciendo de periodista. Podía solicitar un permiso especial y éste tenía que llevar al respaldo firmado de no recuerdo cuántas grandes figuras chilenas de la profesión.

Debía demostrar un nivel educativo muy alto y una conducta intachable. Al cabo de tres años y si no metía la pata o si no tenía algún problema con la ley se me concedería la colegiatura definitiva.

No tuve problemas para recoger las firmas. Los viejos redactores que me habían visto subir y bajar las escalinatas de El Mercurio cuando era un niño para repartir noticias a las radioemisoras del centro de Santiago ocupaban cargos jerárquicos y vieron con simpatías mis aspiraciones.

Con el permiso en las manos y la libertad para seguir trabajando, el encanto de la universidad se fue diluyendo. Llegaba al Pedagógico muy de vez en cuando y casi nunca asistía a clases.

Mi interés seguía siendo aquella italianita de la cual estaba enamorado, los amigos, los compañeros y la discusión política que se hacía cada vez más intensa y desenfrenada.

El tiempo pasó volando y a los tres años recibí mi título definitivo de periodista. Quedé inscrito con el número 1075. Había pasado a ser un periodista "legal".

Fue una coincidencia. Se me autorizó ejercer el periodismo el mismo año en que habría terminado mis estudios para ser profesor de inglés si hubiera continuado asistiendo regularmente a clases y hubiese aprobado los exámenes correspondientes.

Se habla mucho en nuestro país de lo que llamamos "El pago de Chile". Apunta con desprecio a los desagradecidos, a los que abandonan a quienes les han ayudado, a quienes les han proporcionado, un techo, un trabajo, una mano solidaria.

Yo fui uno de esos mal agradecidos. No bien legalicé mi actividad periodística abandoné la agencia de noticias donde había comenzado y a don Paco, ese español que fue mi primer guía en el oficio de las noticias.

Acepté una oferta del jefe de la agencia de noticias Associated Press. Todo era mejor, escribiría también de política y economía, de deportes y hasta me abrieron ojos esperanzados al mencionarme la posibilidad de un futuro más allá de las fronteras.

"Como tienes buenos conocimientos de inglés podrías formar parte de la mesa de redacción de la agencia para América Latina en Nueva York", me dijo el jefe de la corresponsalía, Nick Levy.

La sugerencia nunca se concretó porque me advirtió de que tendría que pagar mi traslado con mi sueldo en Nueva York. Eso de quedar endeudado antes de comenzar a ganarme la vida en el extranjero no me gustó mucho.

De todas maneras, fue el momento en que definitivamente vi que podía seguir los pasos del periodista alemán que había llegado a Chile a cubrir el Mundial de Fútbol y que había dejado tan bien parados con sus historias a los chilenos.

AMOR DEFINITIVO

De un día para otro, me pasé a trabajar en otra oficina, a solo pocos metros de distancia en aquel corredor de El Mercurio donde estaban las agencias de noticias y que terminaba en la Sección Cables.

Además mis inquietudes amorosas habían cambiado. Muy a mi pesar la italianita había quedado en el olvido después de anunciarme que sus amores tenían otro derrotero y que yo no figuraba en sus planes.

Allí mi otro profesor de periodismo, sin quererlo, fue Raúl Duque quien había empezado en la profesión muy de abajo, como teletipista, y corría siempre de un lado a otro con un legajo de documentos bajo el brazo.

Como por arte de magia, sacaba de esos papeles que generalmente eran documentos de algún organismo internacional y se ponía a escribir una noticia con una rapidez y una imaginación que me parecían maravillosas.

En aquel corredor de El Mercurio estaba la corresponsalía del Mercurio de Valparaíso, donde trabajaba María Teresa. La veía pasar y admiraba su altivez, su belleza, su cabello y su elegancia. Poco a poco sus ojos y su simpatía me fueron encandilando.

El Mercurio tenía una cafetería en la que el almuerzo se pagaba con cupones que se distribuían cada mes y se descontaban del sueldo. Aunque no pertenecíamos al personal del diario, los empleados de las agencias de noticias teníamos la posibilidad de comprarlos. Uno de esos cupones representó un cambio trascendental en mi vida.

Fue un cálido día cualquiera de otoño. María Teresa pasó frente a la oficina donde yo trabajaba y me preguntó si tenía un cupón. A ella se le habían terminado. Le dije que no, pero que trataría de conseguirle uno.

Con el papelillo verde en mis manos y con agallas que no sé de dónde saqué, desde la vieja escalerilla del corredor de oficinas y sin fijarme si alguien me podía escuchar, le grité: "Te conseguí uno, para que veas cuánto te quiero".

Fuimos juntos a almorzar. También al día siguiente, y después, y después. Nuestro romance fue arrollador. Llegué a su casa donde fui presentado a su madre y a sus hermanas y sobrinos, no como un estudiante del Pedagógico o como un periodista sino como "profesor de inglés". Tal vez porque era más respetable a pesar de mi juventud.

El horizonte universitario comenzó a alejarse más todavía. Había establecido mis prioridades y como buen enamorado la primera era María Teresa, después el trabajo, los amigos y, por último el Pedagógico.

Las 24 horas del día eran pocas para llenar esos espacios y poco a poco fui distanciándome de aquella escuela universitaria en la que no aprendí mucho, pero donde fui testigo de las inquietudes políticas, del idealismo y el fanatismo tanto de la derecha como de la izquierda; donde muchos profesores fueron mis amigos y donde experimenté una democracia que poco a poco y después de que yo desapareciera del horizonte chileno degeneró en violencia y extremismo.

Nos casamos una tarde de septiembre de 1969 en una pequeña iglesia por allá por el Paradero 14 de la Gran Avenida en la zona sur de Santiago. Asistieron mis hermanos y mi madre, mis amigos y la familia de María Teresa.

En los meses previos a la ceremonia nos dedicamos a comprar las cosas básicas para armar nuestro hogar: camas, muebles y hasta alquilamos un apartamento en la Gran Avenida. Y no perdimos el tiempo.

Nuestro hijo nació al año siguiente y sus primeros meses de vida fueron en ese apartamento que era una heladera en invierno porque las cañerías estaban rotas y el agua burbujeaba debajo del piso de madera y de los armarios.

Las ratas entraban por la ventana de la cocina y había que perseguirlas a patadas por las habitaciones. (Eso no me acongojaba demasiado porque después de todo nunca había vivido en nada mejor).

Pero éramos una familia. Sólo había que ponerle el hombro y sacarla adelante. Sin embargo, la situación en Chile para todos estaba muy lejos de ser la ideal. La inflación se comía los sueldos y ya no bastaba un empleo para sobrevivir.

Para subsistir comencé a multiplicar las actividades laborales. Cumplía mis obligaciones en la agencia durante el día, traducía el servicio de noticias del diario The New York Times en la mañana y hacía el turno nocturno en la sección Cables de El Mercurio. Tal vez como ahora, no era nada extraordinario. Muchos estaban haciendo lo mismo.

LOS SUEÑOS FRACASADOS

Eran los tiempos en que los prohombres de continente anunciaban la necesidad de abandonar de una vez por todas las cadenas del regionalismo y promover el desarrollo. Con ello, empezaron a hablar de integración económica y política.

Pensaron que sería como lo hicieron los europeos que crearon una unidad económica, un banco central, un parlamento y después hasta una moneda común, además de abrir las fronteras para el libre paso de su gente, sin necesidad de mostrar documentos y menos acudir a las embajadas en busca de un visado.

Han pasado los años y en América Latina todavía estamos en lo mismo, desunidos, subdesarrollados, envidiosos y resentidos sin haber concretado la integración económica y menos la política.

Tenemos que mostrar nuestro pasaporte o el documento de identidad para entrar en nuestros propios países, estamos lejos de las economías europeas o de algunas asiáticas y las monedas, de nombres y valores diferentes en cada país, bailan a ritmos inconexos frente a las otras divisas del mundo.

En esos años aparecieron toda clase de organizaciones de integración como el Pacto Andino, el Mercado Común del Sur, el Pacto de Cartagena y otros con sus siglas rimbombantes, miles de discursos con expresiones de buenos deseos y escaso éxito.

Junto con los gobernantes militares y civiles que aspiraban a una ilusa unión política y económica, a los señores empresarios de la información se les ocurrió que la integración también podía ser de las noticias.

"Basta de que los gringos, los franceses, los alemanes y hasta los españoles nos impongan sus criterios noticiosos, nos digan que lo importante para ellos lo es también para nosotros", decía uno de ellos.

Había que tener una agencia latinoamericana, con periodistas latinoamericanos, con nuestro propio punto de vista, comenzamos nosotros a decir en coro.

De esa idea surgió un engendro informativo llamado Latin-Reuter. Como todas las ideas románticas y también, como todas las iniciativas de integración en el continente, estaba destinada al fracaso. Pero sus gestores eran optimistas y no lo vieron así y se lanzaron en su ejecución con gran entusiasmo.

Se trataba de un consorcio de los diarios más importantes del continente que utilizarían los sistemas de transmisión de la agencia británica y sus noticias extra continentales. Las originadas en América Latina serían escritas y editadas por redactores propios. Nada de extranjeros, gringos o europeos, ni influencias externas.

Los diarios socios de la empresa contribuían con una importante cuota mensual de fondos a las actividades de la agencia integrada y recibían sus noticias. Sin duda para los periodistas que comenzamos en esa gesta la idea era buena y elogiable.

Por una parte, los diarios del continente se aseguraban el producto de periodistas latinoamericanos y se ahorraban sueldos de corresponsales, no tenían que financiar sus viajes, ni siquiera ocuparse de sus problemas.

Por la otra, la agencia que había perdido dinero a montones en América Latina durante décadas y que no podía abandonar la región y dejar de ser una red mundial de noticias, recibía el material de los periodistas latinoamericanos y después de traducirlo lo agregaba a su transmisión a todo el planeta.

Era un negocio redondo para todos y una gran oportunidad para reporteros jóvenes. Y así comenzaron a desfilar por aquella pequeña oficina de Santiago, en la que yo había trabajado hasta hacía un tiempo, periodistas argentinos, uruguayos, brasileños, mexicanos y venezolanos, todos en plan de capacitación para iniciar la gran empresa de la integración noticiosa del continente.

Fue una tarde cualquiera cuando el periodista uruguayo Enrique Jara, uno de los promotores más entusiastas de la idea, me preguntó al pasar si me gustaría trabajar en Buenos Aires. Le respondí que sí, que era una posibilidad interesante. No conversamos más del asunto.

Pocos días después me cerró el paso en uno de los pasillos de El Mercurio y sin preámbulos me anunció que me esperaban en Buenos Aires a la semana siguiente para conversar sobre las condiciones de trabajo. Me entregó los pasajes como para asegurarse de que no me acobardara.

Regresé a casa abismado por la inmensidad del horizonte que se abría y conversamos con María Teresa del asunto. Fue allí cuando la mujer que me ha acompañado durante más de 40 años reveló sus grandes virtudes: valentía, seguridad, empuje y un respaldo inquebrantable, además de su belleza y del amor que me profesaba.

Estaba embarazada y no se amilanó cuando le dije que tendríamos que abandonar lo que habíamos juntado en la formación de nuestro hogar, todos los planes que teníamos para Chile, a la familia, a los amigos.

Tampoco prestó atención a las advertencias de los familiares que ponían el grito en el cielo y decían alarmados: ¿"Cómo se van a ir adonde no conocen a nadie, con un niño tan pequeño y otro más por venir? Son unos irresponsables, unos inconscientes".

Subí por primera vez en mi vida a un avión, crucé la Cordillera de los Andes y llegué a Buenos Aires a cumplir una negociación que fue un trámite, a todas luces favorable.

Iba a trabajar en un solo lugar, me pagaban un apartamento con muebles y mi sueldo sería en dólares. Tenía seguro médico y hasta una asignación para la educación de los niños.

Rodeado por periodistas argentinos, brasileños, peruanos y uruguayos asumí funciones en la Mesa de Redacción de Latin-Reuter, en el comienzo de mi vagar por este continente americano.

Comencé en Buenos Aires desde donde cumplí misiones en Paraguay, Bolivia, Uruguay y Brasil; después me fui a México para cubrir la información de ese país y de América Central.

Al cabo de dos años volvimos a la Argentina y en 1978 regresamos a México para cumplir una segunda misión en aquel país con responsabilidades informativas en América Central y algunos países del Caribe

Después fui trasladado a Venezuela desde donde visité las naciones del Caribe y cumplí una breve misión en Londres.

Posteriormente, después de un fracasado intento de retorno a Chile, terminé trabajando para la Voz de Estados Unidos de América en Washington D.C., ciudad desde la cual fui enviado a cubrir acontecimientos en Europa y América latina. Regresé una vez más a Reuters en Miami y después dediqué 10 años de mis labores periodísticas a la agencia española de noticias, EFE, también en la capital de Estados Unidos.

Fue el sueño que trataré de recopilar desde que comenzó a hacerse realidad a partir de nuestra salida de Chile y hacia un futuro que nunca fue incierto y que estuvo jalonado de momentos felices que muchas veces dudé de que pudiera merecer.

ARGENTINA

Las tardecitas de Buenos Aires tienen ese que sé yo, ¿viste? (Horacio Ferrer)

El contraste fue violento en nuestra primera llegada a la Argentina. Dejamos Chile, bajo la democracia. Llegamos a un lugar reinaba la paz de una dictadura militar. Buenos Aires, y todo el país, tenían la apariencia de un remanso de tranquilidad.

En Argentina había de todo y en abundancia. Los restaurantes y el comercio en general vivían una intensa actividad, los cines, los teatros y los restaurantes permanecían abiertos hasta más allá de la medianoche.

La capital argentina era un centro cultural dinámico donde pasear por una calle en la madrugada no implicaba el peligro de ser asaltado. Tampoco había manifestaciones políticas ni desórdenes.

Por el contrario, en Chile el gobierno socialista de Salvador Allende había comenzado a sufrir los embates de la oposición de derechas y de los sectores económicos amenazados por una inminente expropiación. Las calles de Santiago olían a gases lacrimógenos, los chilenos las recorrían doblados por el frío invernal, el hambre y la escasez de alimentos.

También se habían recrudecido los signos iniciales de un desabastecimiento, primero del dólar, luego de los insumos industriales y, por último, de los artículos de primera necesidad. Las manifestaciones eran constantes y violentas contra el gobierno socialista.

Sin embargo, los chilenos seguíamos jactándonos de la democracia y de nuestra "cultura política". Gozábamos del derecho a la libre expresión. Nos podíamos reunir sin sobresaltos. No había barreras, toques de queda, ni los cañones amenazantes de las metralletas militares.

Mirábamos con desdén a otros países sumidos en un golpe de estado tras otro. Decíamos con una sonrisa displicente que nuestros vecinos eran como esos viejos discos de vinil...."33 revoluciones por minuto".

Era el tiempo de las dictaduras militares. Además de Argentina, los generales gobernaban con mano dura en Guatemala, Nicaragua, Panamá, Brasil, Perú y Ecuador.

México estaba bajo una democracia controlada férreamente por la dictadura del Partido Revolucionario Institucional (PRI) y Venezuela bajo la alternancia de dos agrupaciones políticas de creciente corrupción que se sucedían en el poder tras el derrocamiento del régimen encabezado por Marcos Pérez Jiménez en 1958.

Nosotros, en Chile, éramos la Suiza del continente y sólo nos comparábamos con la democracia uruguaya o la de Costa Rica, un país sin fuerzas armadas.

Pensábamos que nuestro devenir político era un modelo. El centrista Eduardo Frei, demócrata cristiano, había sucedido al derechista Jorge Alessandri, y había entregado después la banda presidencial al socialista Salvador Allende. ¡Qué mejor ejemplo de cultura política!

En el sur del continente, la culta y dinámica Argentina junto al democrático Chile.

Pero todo era espejismo, arrogancia, una visión superficial de dos países diferentes, uno históricamente pobre como Chile y otro potencialmente rico como Argentina, pero unidos en una evolución trágica.

Chile avanzaba hacia el despeñadero político y un cruento golpe militar; Argentina, hacia una "guerra sucia". En ambos casos, fueron asesinadas, ejecutadas o "desaparecidas" miles de personas.

Llegamos a Buenos Aires en marzo de 1971 a participar en la ejecución de lo que nos parecía la idea que revolucionaría el espectro periodístico del continente: esa agencia de noticias estrictamente regional.

Éramos todos periodistas jóvenes con el mismo objetivo romántico: información latinoamericana escrita por latinoamericanos.

Nos repetíamos una y otra vez que había que terminar con el dominio de las agencias de noticias gringas o europeas que establecían las prioridades sobre la base de sus propios intereses y los de sus países. Que la noticia fuera importante o no para nosotros les tenía sin cuidado.

El gobernante de turno en Argentina era el general Alejandro Lanusse, quien había destituido al general Roberto Marcelo Levingston, el cual había destronado al general Juan Carlos Onganía, quien había sacado de la Casa Rosada a Arturo Illia.

Los golpes de Estado se sucedían "sin solución de continuidad", como decían los argentinos de la época, tan asiduos siempre a las frases hechas.

Lanusse, un general de Ejército, era uno de los muchos militares latinoamericanos siempre convencidos de que tenían que influir en la vida de su país más allá de los cuarteles. Hasta se había propuesto democratizar a la Argentina, un objetivo que sus compañeros en armas no parecían compartir con entusiasmo.

Tampoco es probable que el adusto general Lanusse mantuviera por mucho tiempo la idea democrática si hubiese podido anticipar el sainete en que se convertirían los primeros gobiernos electos del peronismo tras la salida de los militares.

Pero la fachada argentina de paz, abundancia y tranquilidad de esos años era engañosa. El país sufría la violencia, la represión, el activismo político declarado ilegal y la incursión de la guerrilla urbana y el terrorismo.

En realidad, Argentina no había vivido una verdadera paz desde que el general Juan Domingo Perón, una de sus figuras históricas, fue derrocado en 1955 en un golpe de estado al cual se había sumado el propio Lanusse.

Los seguidores del general Perón, sindicalistas y elementos que ni siquiera tenían claro si en el espectro político eran de derechas o de izquierdas, seguían fieles a la difusa doctrina del peronismo, o justicialismo, y promovían su retorno al poder.

Para los expertos, la primera chispa de la llamada política argentina que poco a poco se convirtió en un incendio fue "El Cordobazo", una movilización de trabajadores y estudiantes realizada a finales de mayo de 1969 en la ciudad de Córdoba, desde hacía muchos años la capital industrial del país.

Es probable que quienes convocaron la movilización hayan tenido la intención de que fuera un hecho localizado sin repercusiones más allá de los límites de la provincia.

Pero Onganía decidió tomar el toro por las astas y lanzó a sus tropas a reprimir las manifestaciones en esa ciudad. El resultado de los enfrentamientos fue de 16 muertos, muchos heridos y presos.

La protesta se extendió como una mancha de aceite sobre las hasta entonces plácidas aguas argentinas. Rosario, una de las ciudades más dinámicas del país, fue declarada zona de emergencia bajo jurisdicción militar. También ocurrieron incidentes en Tucumán, en el norte.

Poco después se declaró el estado de sitio que suspendió las garantías constitucionales con el fin de que existieran los instrumentos adecuados y legales para garantizar la paz en toda la Argentina, según decía el gobierno de Onganía.

Tal vez el remedio fue peor que la enfermedad. A partir de esos acontecimientos se intensificó la actividad de la guerrilla urbana protagonizada por el Ejército Revolucionario del Pueblo (ERP), las Fuerzas Armadas Revolucionarias (FAR) y los Montoneros.

Este último grupo produjo uno de los capítulos más ilustrativos de la violencia que estremecía al país cuando secuestró en mayo de 1970 al general retirado y ex presidente Pedro Eugenio Aramburu. Su cadáver fue encontrado días después.

La venganza militar fue implacable aunque tardó algún tiempo. Es necesario comprender que los militares estaban en el gobierno y no era cuestión de actuar a lo bruto. Había que esperar que la oportunidad se presentara en el momento preciso.

Se produjo en agosto de 1972 en un incidente de características cinematográficas protagonizado por miembros del ERP, de las FAR y de los Montoneros que terminó con la ejecución de 16 guerrilleros en "un intento de fuga", según las autoridades militares.

Esa fue la "masacre de Trelew", una ciudad de la sureña provincia de Chubut en la Patagonia argentina y próxima al penal de Rawson, adonde habían sido trasladados dirigentes guerrilleros apresados durante las operaciones militares.

El comunicado donde se hablaba del incidente de la "fuga" fue firmado por un contralmirante, jefe del Estado Mayor Conjunto, quien poco después fue acribillado a balazos en Buenos Aires por un miembro del ERP.

Si alguien pensara que el horno no estaba para bollos periodísticos en esos años podría equivocarse. Es cierto que los muertos aparecían por todos lados. Eran extremistas, dirigentes sindicales, militares y, en muchos casos, inocentes sorprendidos en medio de un asalto "revolucionario".

(Ya en esos años no había heridos ni entre militares ni guerrilleros. Libraban un enfrentamiento encarnizado, sin cuartel y sin sobrevivientes. Por esa extraña razón desaparecieron de Argentina los miembros del hampa y siempre los que morían en un enfrentamiento eran "delincuentes subversivos", según los calificaba el gobierno).

Nosotros estábamos envueltos totalmente en nuestro ideal de integración noticiosa y cuando se trataba de informar sobre la región gozábamos de absoluta independencia para dar cuenta de lo que se nos ocurriera.

Y disfrutábamos de nuestro sueño de integración noticiosa latinoamericana. Al mediodía salíamos a paladear un jugoso bife de chorizo en un restaurante subterráneo en la calle San Martín, entre Lavalle y Corrientes.

En algunas noches el grupo de periodistas latinoamericanos nos íbamos a escuchar tangos en el barrio de la Boca, o en algún "café concert" donde entibiábamos una copa de vino tinto y escuchábamos el más rancio lamento de los arrabales porteños.

La marea del fútbol argentino tampoco nos había dejado atrás y nos emocionábamos en la cancha de Boca Juniors, o la de River Plate, en el elegante barrio de Núñez, arriesgando algunos pesos en el PRODE (pronósticos deportivos) sin haber llegado nunca a acertar los 13 resultados que significaban el premio mayor.

Y en una larga sala con una mesa rectangular en el centro nos apretujábamos una decena de periodistas de todo el continente para dar nuestro "ángulo latinoamericano" a la información mundial y escribir nuestros propios artículos sobre el devenir de la región.

Hasta había un español, un "gallego" como se les dice en Argentina a todos los que vienen de la Madre Patria. José Trepat en realidad no era gallego, es decir originario de Galicia. Era catalán y hablaba como un argentino.

A él se sumó después Patrick Buckley que, a pesar de su nombre, también era catalán y quien con su guitarra nos cantaba los primeros temas de Joan Manuel Serrat y nos invitaba a jugar fútbol, su gran pasión.

En esa mesa de redacción latinoamericana no había nada que se nos escapara: las andanzas del Ché Guevara en Bolivia, las tribulaciones de la democracia uruguaya, los trajines de las dictaduras militares, las vicisitudes y matanzas de los soldados estadounidenses en Vietnam, los últimos estertores del Apartheid en Sudáfrica, y el comienzo del desmembramiento soviético.

Pero nuestro mayor interés estaba centrado en Chile y su gobierno socialista. Todavía no nos remecían las insurgencias en América Central o el surgimiento petrolero de México, Venezuela y Ecuador.

Está claro que estando en Argentina nos cuidábamos mucho de no ser demasiado profundos o críticos en lo que se refiere a los acontecimientos del país.

Estábamos condicionados porque no sólo temíamos a las autoridades castrenses sino que también a los activistas políticos. En la guerra subterránea de aquellos años las víctimas fatales no solo eran militares o guerrilleros urbanos, también se las estaban tomando contra los periodistas.

Yo era un hombre feliz. Mi hija nació en una maternidad de la calle Cangallo que ahora se llama Juan Domingo Perón, en el típico barrio del Once, un enclave judío en una de las ciudades más judías del mundo, después de Nueva York.

Depuraba mi inglés periodístico, adquiría experiencia y conocimientos y mis dedos corrían sobre el teclado escribiendo y editando noticias latinoamericanas para latinoamericanos. Tenía un buen sueldo y vivía con mi mujer y mis dos hijos en una céntrica calle de Buenos Aires. ¿Qué más podía pedir?

Tal vez despojarme un poco de ese provincianismo chileno que nos hace hablar bajito en contraste con las voces estentóreas de los habitantes del Río de la Plata, argentinos y uruguayos.

Ellos se imponen en todos los diálogos con un imperativo…."Ché, escucháme"… Los chilenos empezamos la conversación pidiendo perdón sin haber hecho nada malo, todavía: "Oiga…disculpe".

En una clara muestra de la influencia que históricamente han ejercito los italianos en el país, los argentinos, especialmente los "porteños", conversan a gritos y parece que están a punto de entrar a golpes. Pero sí se comunican a través de sus diálogos estridentes, sus preguntas sin respuestas y también sus silencios.

Vivíamos en la Avenida del Libertador, a pocas cuadras de la residencia presidencial de Olivos, y para llegar a la oficina tomaba el tren en la estación Vicente López rumbo a la terminal en Retiro.

En una ocasión subió al tren un muchacho que se encontró con un amigo y escuché su conversación:

"¡Hola ché! ¿Qué hacés?"

"Aquí, que sé yo. ¿Y vos?"

"Y….aquí estamos….yo que sé".

Uno de los amigos se despidió con un apretón de manos antes de bajarse en la estación de Belgrano.

"Chao ché. Fue un gustazo hablar con vos".

Sin duda fue el re encuentro feliz de dos amigos. Pero todavía no sé de qué hablaron.

Estaba consciente de esa característica forma de comunicación de mis colegas "porteños" así como de mis humildes susurros chilenos y ni siquiera me atrevía a hablar cuando se pronunciaban todos a la vez sobre el acontecer mundial, la literatura, los problemas políticos y la economía.

Sabían mucho de todo, o al menos lo parecían. Estaba impresionado. Me sentía un novato al que le quedaba un largo camino por recorrer para ponerme a su altura y hablar con tanta autoridad como ellos.

No me aventuraba a dar opiniones tajantes y absorbía como esponja todo lo que pudiera aprender de aquellos periodistas que tenían una larga experiencia tanto en sus países como en el extranjero.

Ese provincianismo de los chilenos terminaría durante el gobierno de Pinochet cuando el país produjo sus primeros éxitos económicos y financieros merced a una dictadura que de un plumazo ordenó la situación, proscribió toda actividad sindical, anuló los derechos de los trabajadores y reprimió cualquier tipo de protesta.

Mis compatriotas se pasaron al otro extremo, el de la arrogancia. Los funcionarios del gobierno militar comenzaron a recorrer al continente para jactarse de las fórmulas que les habían llevado a convertir a su país en uno de los más desarrollados de la región.

En Buenos Aires yo seguía siendo un provinciano humilde y por eso casi me fui de espaldas ante la sorpresa: mi primera misión como periodista internacional de la naciente agencia Latin-Reuter fue ayudar en la cobertura informativa de la visita de Fidel Castro a Chile.

Era un acontecimiento histórico que marcaría el devenir futuro del país y de un régimen que se había impuesto el objetivo de establecer el socialismo con los instrumentos del capitalismo.

Era necesario cubrir el acontecimiento paso a paso, tanto por su significado histórico como por la posibilidad de que alguno de los enajenados mentales que habían comenzado a surgir en Chile decidiera dar un mal paso y poner fin de manera violenta a la visita.

Nunca me dieron a conocer con franqueza su temor de que Fidel Castro pudiera ser asesinado pero me insistía uno de mis jefes que "cualquier cosa puede suceder y nosotros tenemos que estar allí".

La llegada a Chile del hombre que se atrevió a desafiar al gigante del norte era un gran acontecimiento no sólo para Chile y su balbuceante socialismo sino que para todo el continente donde comenzaba a hablarse de que la izquierda podía llegar al poder por la vía democrática, sin acudir a la guerrilla o a la consigna de "Patria o Muerte", como en Cuba.

La invitación a que Fidel visitara Chile se concretó tras el restablecimiento de relaciones diplomáticas interrumpidas desde comienzos del decenio de 1960 cuando la Organización de Estados Americanos (OEA) suspendió a Cuba por no tener un gobierno democrático y promover la lucha armada en el continente, una medida que si se hubiese aplicado de forma pareja habría dejado desmembrado al organismo regional.

Para Cuba la visita podía constituir el fin del aislamiento y el comienzo de su reintegración a un continente que se debatía entre dictaduras militares de derecha e iniciaba los experimentos izquierdistas.

Entre ellos estaba el de Allende, y el de la "Revolución en Libertad" que había pregonado su antecesor, el demócrata cristiano Eduardo Frei que se atrevió a iniciar la nacionalización del cobre, el pilar exportador del país hasta entonces controlado por las empresas estadounidenses.

El 10 de noviembre de 1971 fue un día de brillante primavera en Santiago. Miles de personas se congregaron en el pequeño aeropuerto de la capital chilena para recibir al gobernante cubano.

En esa muchedumbre había gente de todos los sectores: trabajadores, estudiantes, mujeres, gente de gobierno y, en la comitiva de recepción, un militar de alto rango llamado Augusto Pinochet Ugarte.

La visita oficial era de 10 días, pero dicen que la tradicional hospitalidad de los chilenos fue tan grande que Fidel se quedó hasta el 4 de diciembre, mucho más allá de lo que se había previsto originalmente.

Seguir al cubano incansable, primero por el norte de Chile y después por el sur, fue una tarea de titanes que asumimos los periodistas locales y los que habíamos llegado desde el extranjero.

Me correspondió la etapa del sur y en la escala en Concepción tuve lo que sería mi primer y único contacto personal con Fidel Castro.

Sus palabras proferidas con absoluta autoridad envolvían igual que el aroma del cigarro que enarbolaba como el rifle más de 20 años antes en la Sierra Maestra.

Hablaba de todo y sin pausas, de béisbol, filosofía, o medicina; sobre la economía chilena, sobre el cobre o el azúcar, sobre la creciente Guerra Fría. Uno podía o no estar de acuerdo con sus ideas, pero era imposible dejar de escucharle.

Un pequeño grupo de periodistas fuimos con él a la usina de Huachipato, cerca de Concepción, y allí Castro se reunió con los ingenieros de la planta a los cuales acribilló a preguntas.

Sin haber tomado apuntes habló después a los obreros y repitió todo lo que había aprendido sobre la producción de la planta, sugirió formas de mejorarla y no dejó de referirse a los derechos de los trabajadores "el imperialismo yanqui" y la "solidaridad socialista".

La humedad y el frío del sur chileno, incluso en primavera, le jugaron una mala pasada y esa misma tarde pronunció un discurso en el estadio de Concepción aquejado por un fuerte catarro.

Lo combatió con "pisco sour", una especie de cóctel de aguardiente chileno o peruano llamado pisco, aderezado con clara de huevo, azúcar, mucho jugo de limón y otros ingredientes. Su alocución ante miles de estudiantes fue inusitadamente corta, de unas tres horas.

La histórica visita de Castro a Chile no cumplió los objetivos. Ni Cuba rompió su aislamiento continental ni Chile cimentó su marcha hacia el socialismo.

Lo que es peor, en un capítulo latinoamericano de la Guerra Fría, polarizó a su sociedad entre los partidarios izquierdistas del Gobierno de la Unidad Popular y una derecha combativa dispuesta a todo para impedir su entronización.

Castro tampoco pudo resolver las divergencias que habían comenzado a surgir entre los elementos más moderados de la Unidad Popular de Allende y los más extremistas, aquellos que querían imponer el socialismo a la fuerza y crear una sociedad comunista, como la de Cuba.

Peor aún, la visita "de buena voluntad" fue considerada como una intromisión por la derecha y la Guerra Fría se fue calentando cada vez más en Chile, exacerbada por la ahora admitida intervención de la CIA, la de asesores cubanos en el gobierno, las huelgas, las expropiaciones, el desabastecimiento y una industria que se paralizaba poco a poco ante el sabotaje, la falta de repuestos, insumos y, sobretodo, la incompetencia de los nuevos dueños.

Castro finalmente regresó ileso a Cuba y yo volví a mi trabajo de escritorio en Buenos Aires.

Dejé un país que se encaminaba a pasos agigantados y sin retorno hacia una crisis. Se habían acelerado las expropiaciones de los medios de producción. Los obreros se convertían en propietarios de sus lugares de trabajo. El poderoso dólar se hacía cada vez más escaso y su cotización en el mercado negro ascendía vertiginosamente.

En mis últimos días en Santiago pude ver cómo desaparecían de los estantes los productos de primera necesidad, se vaciaban los supermercados, comenzaba el acaparamiento y surgía una entonces novedosa forma de protesta pacífica y ruidosa: amas de casa que hacían sonar sus cacerolas al atardecer para señalar que no tenían con qué llenarlas.

Los militares chilenos veían que las opciones políticas se acababan y se recrudecían más todavía las presiones internas y externas para que intervinieran y zanjaran el problema de una vez por todas.

Así fueron pasando los meses en ese edificio de la porteña calle Corrientes donde estaban nuestras oficinas y donde nos congregábamos periodistas de diversos medios de información, sobre todo corresponsales extranjeros.

Era allí donde intercambiábamos datos, chismes y "figuritas". Casi todos siempre con las maletas listas para ir a Chile donde la situación iba de mal en peor y se daba como un hecho que el experimento socialista estaba condenado al fracaso. Por otra parte, la dictadura argentina no producía muchas noticias.

Se me asignó cubrir la jornada nocturna, de cuatro de la tarde a medianoche, una vez más, tal y como cuando comencé a ser periodista y también como cuando dejé de serlo.

La tarea era dar cuenta de todo lo que estuviera ocurriendo en el mundo: las conversaciones de paz para Vietnam, las vicisitudes del Apartheid en Sudáfrica, las noticias del deporte y, por supuesto, lo que pasaba en América Latina.

Nos encargábamos de la tarea un grupo de no más de cuatro periodistas que fumábamos sin parar, tomábamos mate y matábamos el hambre con pizza que pedíamos de un local en la calle Corriente atendido por esos "gallegos" que trabajaban incansablemente con la eterna esperanza de volver a su país cargados de fortuna.

Una de las noticias que nos mantenía ocupados era la de un equipo de rugby uruguayo y sus familiares, en total 45 personas, que habían partido desde Montevideo para jugar un encuentro amistoso en Santiago. El avión que los transportaba se perdió sin rastros bajo una tormenta al cruzar la Cordillera de los Andes.

Una señora cuyo nombre no recuerdo me llamaba por teléfono algunas noches desde Montevideo para preguntarme si tenían algún fundamento los rumores de que habían encontrado la nave perdida en la cordillera.

Un hijo suyo era miembro del equipo de rugby. Me atragantaba la pena, pero invariablemente debía responderle que no, que no había confirmación, que los seguían buscando sin éxito; que habían dicho que con cada día que pasaba las esperanzas eran menores.

En el último mes de ese año de 1972 cargamos nuestro automóvil y emprendimos el largo viaje por la zona central de Argentina a pasar las vacaciones de verano en una de las gélidas playas del Pacífico tras cruzar la Cordillera de los Andes.

El coche era pequeño pero lo llenamos con los artículos de primera necesidad que escaseaban en Chile: azúcar, arroz, aceite, fideos, latas con todo tipo de alimentos, jabón, crema dental y la esperanza de que en la aduana cordillerana los estrictos agentes no nos despojaran del cargamento.

Fue cuando recorríamos la sinuosa ruta de las montañas que escuchamos por la radio que un arriero chileno había encontrado los restos del aparato. Increíblemente, después de 70 días había 16 sobrevivientes.

En Santiago mi amigo Giangiacomo Foá, el corresponsal del Corriere della Sera con el que jugaba ajedrez en Buenos Aires, me mostró fotografías de los restos de la nave semi cubiertos por la nieve sobre una ladera de la montaña.

Apuntó a una de esas imágenes y me dijo: "¿Ves esto? Son tiras de carne humana. Fue el alimento que los mantuvo con vida durante todo ese tiempo".

No le creí y al día siguiente, en una misa ofrecida en Santiago en memoria de las víctimas de la tragedia aérea, algunos sobrevivientes me aseguraron que se habían alimentado con dulces que llevaban a Chile, en su mayor parte chocolates comprados en Mendoza.

La verdad se sabría días después cuando Carlos Páez, uno de los miembros del equipo uruguayo, admitió que ante la perspectiva de morir de hambre y cuando ya no los buscaba nadie, habían recurrido a la antropofagia.

"Ya no existíamos para el mundo. Teníamos que tomar una decisión y no teníamos qué comer. Esa fue la realidad. Comimos carne humana para sobrevivir", admitió.

El de 1973 fue un año fatídico de tragedias y acontecimientos políticos, un año en que dejé de fumar cigarrillos de la marca Lucky Strike por una razón que aún me estremece.

Eran cigarrillos sin filtro, de tabaco rubio aromático que había comenzado a fumar desde mis años de adolescencia y que me seguían como recuerdo permanente de mi despreocupación, de mis años de universidad y hasta de mis amores.

En Buenos Aires no había cigarrillos Lucky Strike. Sólo vendían con filtros y de muchas otras marcas de tabaco rubio. Los que no tenían filtro eran de tabaco negro que me parecían apestosos.

Ante la imposibilidad de comprarlos en Argentina encargaba a mis colegas que iban y venían de Chile que me los compraran en el mercado negro de Santiago.

Uno de ellos era Leonardo Henrichsen, un camarógrafo argentino que trabajaba para la agencia de televisión Visnews y un canal local de noticias.

Cada vez, después de su regreso de Santiago, entraba en la oficina y sin aviso me mostraba el cartón blanco y rojo de los cigarrillos Lucky Strike, lo lanzaba por sobre las máquinas de escribir y con una sonrisa me decía: "Aquí tenés chileno. Ya te podés morir de cáncer".

Una tarde de mayo o comienzos de junio fuimos a su casa en el sector norte de Buenos Aires a comernos un asado. Se preparaba para un nuevo viaje a Chile y ni siquiera tuve que recordarle que me tenía que traer cigarrillos. Se me habían acabado.

Fue la última vez que lo ví. Henrichsen fue el hombre que filmó su propia muerte. Había llegado a Santiago para cubrir "El Tanquetazo" una de las primeras asonadas militares contra el gobierno de Allende. Le llamaron así porque los golpistas pretendían apoyar su levantamiento con la fuerza de sus tanques.

Había tomado posiciones para filmar en un sector de la calle Agustinas, a pocas cuadras del palacio de gobierno de La Moneda. Desde ahí podía ver los vehículos militares que se aproximaban amenazantes y repletos de soldados armados al Palacio de Gobierno.

Desde una camioneta alguien le dijo que dejara de filmar. Se escuchó una orden de impedirlo.

"No disparen. ¿No ven que somos periodistas", gritó Leonardo, mientras enfocaba a un militar que se disponía a disparar. La bala le destrozó la aorta y cayó al suelo apretando el obturador de la cámara.

Las últimas imágenes del horizonte callejero, el pavimento y el cielo tomadas cuando Leonardo caía herido de muerte fueron difundidas un tiempo después en Buenos Aires y, tras estremecer al mundo, dieron el primer indicio de lo que se vendría después en Chile.

Nunca más fumé cigarrillos Lucky Strike.

UN SAINETE ARGENTINO

Casi de manera simultánea, en Argentina se había concretado el llamamiento a elecciones hecho por Lanusse y el ganador fue -como era previsible- el representante del Partido Justicialista.

Héctor Campora asumió formalmente la presidencia del país e inició de inmediato las maniobras políticas para lograr el regreso desde España de Juan Domingo Perón.

El retorno se concretó el 20 de junio de 1973 y en las cercanías del aeropuerto de Ezeiza de la capital argentina se enfrentaron sus seguidores, de izquierdas y de derechas, por el derecho a darle la recepción. El saldo de esa jubilosa pero caótica bienvenida fue de más de una decena de muertos y centenares de heridos.

Cámpora, quien nunca desmintió que era solo un instrumento de Perón, renunció a la presidencia con el objeto de permitir elecciones en las que los candidatos del justicialismo serían, como no podía ser de otra manera, Perón como presidente y su esposa, María Estela Martínez, para el cargo de vicepresidente.

No había que ser un gran conocedor de la situación para asegurar que la fórmula justicialista ganaría sin problemas. Así fue. La pareja Perón obtuvo más del 60 por ciento de los votos y concretó el retorno del gran líder al poder.

No duró mucho, sin embargo. Perón murió en julio del año siguiente y su viuda asumió formalmente la presidencia del país.

A partir de ese momento se intensificaron las disputas sindicales por influir en las decisiones de gobierno, se multiplicaron los asesinatos y creció la actividad terrorista de grupos de izquierda y de derecha.

Al mismo tiempo se desquició la economía y María Estela Martínez de Perón fue incapaz de controlar la situación en momentos en que la inflación superaba el 300 por ciento anual, se paralizaban las inversiones y crecía de manera galopante la deuda externa.

En uno de los últimos momentos de un gobierno que se ahogaba, su ministro de economía aplicó en junio de 1975 una devaluación violenta de la moneda y la consiguiente protesta de los sindicatos que convocaron a una huelga general, exigieron la denuncia de José López Rega, el influyente secretario de la presidenta, y la convocatoria a elecciones.

Para muchos, López Rega, a quien se le atribuían aficiones parapsicológicas y le apodaban "El Brujo", era el poder detrás del trono y el creador de una llamada "Alianza Anticomunista Argentina" a la que se encargó la eliminación de los opositores de izquierda.

Ni el alejamiento de López Rega ni la convocatoria a nuevas elecciones lograron apaciguar el clima político y el 24 de marzo de 1976 la cúpula de las tres ramas de las fuerzas armadas argentinas cerró con fuerza la ventana democrática argentina.

Ese golpe de estado fue tan previsible que la población argentina ni siquiera se sobresaltó cuando los militares anunciaron que estaban otra vez en control de la situación.

La gente se presentó en su trabajo como de costumbre, los diarios aparecieron a la misma hora para anunciar el cambio y los tanques se detuvieron ante las luces rojas de las principales intersecciones del Gran Buenos Aires para que nada alterara el orden.

Y para que no quedaran dudas de que se lo habían tomado muy en serio, los militares argentinos disolvieron el Congreso y ordenaron el enjuiciamiento de la destituida presidenta a la cual acusaron de malversación de fondos.

Lo que es peor, bajo la guía del comandante en jefe del Ejército, Rafael Videla, pusieron en marcha lo que después se llamaría "la guerra sucia" en la que fueron asesinados, secuestrados y desaparecidos no solo los opositores al régimen, sino también muchos de sus hijos.

Isabelita, como se le llamaba desde sus días de bailarina en Panamá, fue retenida por los militares durante más de cinco años hasta que en julio de 1981 abandonó el país para radicarse en España.

Antes había reintegrado fondos millonarios de una institución de beneficencia que, "por error", había trasladado a su cuenta personal.

UNA DEMOCRACIA MENOS

Cuando comenzaban a precipitarse los acontecimientos en Argentina crucé el Río de la Plata en junio de 1973 y llegué a Montevideo, Uruguay, con la misión de ayudar en la cobertura del fin de otra democracia ejemplar en esa década en la que los militares surgieron como una marea continental para implantar sus dictaduras.

Pero el personaje en la caída de la democracia de Uruguay no fue un general, sino Juan María Bordaberry, un político civil procedente de la aristocracia ganadera del país elegido un año antes como sucesor del presidente Jorge Pacheco Areco.

Este ya había marcado la pauta con un gobierno de mano fuerte que suspendió las libertades civiles, declaró ilegales a los sindicatos y encarceló o ultimó a figuras de la oposición.

En ese mes de junio de 1973 Bordaberry dio un "autogolpe" empujado por las Fuerzas Armadas uruguayas. Disolvió el Congreso, proscribió también los sindicatos, creó un Consejo de Estado con funciones legislativas y restringió la libertad de expresión.

Bordaberry aplicó duramente la represión y mandó a la cárcel a dirigentes políticos, sindicalistas y a cualquiera que oliera ser o haber sido miembro del grupo Tupamaros, una organización de extrema izquierda que durante años había librado la guerrilla urbana en el país.

Explicó que se había visto obligado a aplicar esas medidas desconocidas en la historia uruguaya en vista de que *"la acción delictiva de la conspiración contra la Patria, coaligada con la complacencia de grupos políticos sin sentido nacional, se halla inserta en las propias instituciones, para así presentarse encubierta como una actividad formalmente legal".*

Palabras más, palabras menos, fue una excusa que muchos militares utilizaron para intervenir en los asuntos de gobierno en el continente.

En una pequeña oficina en la calle Bacacay, a pocas cuadras del Palacio de Gobierno, con mi colega Julio Villaverde trabajábamos codo a codo informando sobre el autogolpe de Bordaberry, sobre la disolución del Congreso, los sindicatos y los patrullajes de los soldados que se ocultaban bajo los árboles no para reprimir alguna resistencia al golpe sino para tomar mate de los termos que cargaban junto a su metralleta.

Vigilados por un censor militar intercambiábamos información con uno de los diputados que se había quedado sin empleo y que, para enfrentar la situación, hacía de corresponsal del diario La Opinión de Buenos Aires.

Yo le contaba lo que había visto en mis recorridos por la ciudad y él me explicaba los detalles políticos. El "reportero" era el ex diputado Julio María Sanguinetti que después sería dos veces presidente de Uruguay luego de que el país retomara la senda democrática.

Bordaberry gobernó hasta 1976 año en que los militares se cansaron de él y lo sustituyeron por otro presidente que se adaptaba mejor a sus designios. Dijeron que proyectaba mantenerse en el poder de forma indefinida y que pretendía disolver los partidos políticos que, en realidad, ya era poco lo que podían influir.

Antes del fin de la adorada democracia uruguaya llegó en visita oficial a la Argentina, el presidente Allende acompañado por una comitiva que incluía al entonces ministro de Relaciones Exteriores, Orlando Letelier.

Con mi amigo periodista costarricense, Armando Vargas Araya, nos reunimos con Letelier en uno de los pasillos de la embajada chilena en el barrio de Palermo.

No fue una entrevista periodística sino una reunión de amigos en la que hablamos sobre temas generales como el desarrollo político de la región y los problemas que enfrentaba el gobierno chileno ante una oposición cada vez más férrea y vociferante.

Poco antes de ocurrir el golpe del 11 de septiembre de 1973 Letelier había dejado la cancillería y había pasado a ocupar el cargo de ministro de Defensa de Allende.

En el momento del "pronunciamiento" militar Letelier fue arrestado cuando intentaba ingresar en su oficina a menos de 100 metros del Palacio de la Moneda y que pocas horas antes había sido bombardeado por los cazas de la Fuerza Aérea de Chile.

Como otros funcionarios del gobierno socialista, Letelier fue confinado en una prisión en la inhóspita isla Dawson en el extremo sur del país.

Tras ser puesto en libertad se exilió en Estados Unidos donde se convirtió en investigador del Institute for Policy Studies (IPS), un organismo de tendencia izquierdista dedicado al estudio de asuntos internacionales.

En esa función, Letelier se convirtió en una de las voces más prestigiosas contra el régimen chileno en los organismos internacionales de Washington.

El 21 de septiembre de 1976 fue asesinado al estallar una bomba instalada en su automóvil en un atentado en el que también murió su secretaria estadounidense Ronni Moffitt.

El asesinato, que constituyó el atentado terrorista más grave perpetrado hasta entonces en pleno centro de la capital estadounidense, fue atribuido al régimen militar chileno que contó con la ayuda de agentes cubanos anticastristas y elementos de la CIA y del FBI.

Para muchos Letelier fue una de las primeras víctimas de la Operación Cóndor que habían lanzado los gobernantes militares de la región para librarse de sus opositores en la arena internacional.

Vinculadas o no a la Operación Cóndor en Chile hubo otras muertes que levantaron sospechas, entre ellas la del poeta y Premio Nobel de Literatura, Pablo Neruda, la del ex presidente Eduardo Frei, y el intento de asesinato en Roma del ex ministro del Interior del gobierno demócrata cristiano, Bernardo Leighton.

Pero no era solo política, golpes de estado, crisis económica y guerras los acontecimientos que me tenían preocupado en Buenos Aires. Por esos meses Chile y Perú libraban una dura batalla por la clasificación al Campeonato Mundial de Fútbol de 1974.

Alguna razón tendría para estar solo en el Aeroparque Jorge Newbury de Buenos Aires aquella mañana del 5 de agosto de 1973 cuando un maletero me dijo al advertir mi acento chileno: "Ché. Hoy se la juegan en Montevideo".

Perú y Chile estaban empatados en la clasificación para el Mundial de Fútbol de Alemania que se disputaba al año siguiente y las selecciones debían disputar ese mismo día un encuentro definitorio en el territorio neutral de la capital uruguaya.

Metí la mano en el bolsillo y conté el dinero que tenía. Me alcanzaba para un pasaje ida y vuelta a Montevideo, en la otra ribera del Río de la Plata. Llamé por teléfono a mi mujer y con la voz más melosa que pude sacar le dije que regresaría a casa un poco más tarde porque me iba a ver un partido de fútbol.

Por supuesto, no le aclaré que el partido de fútbol para el que me preparaba a presenciar se disputaba en otro país. Me remordía un poco la conciencia dejarla sola un domingo con los dos niños todavía de pañales.

En el hotel de Montevideo donde se habían congregado los periodistas chilenos los antiguos colegas de El Mercurio me recibieron con los brazos abiertos y me dijeron que no tendría problemas para entrar al Estadio Centenario. Debía ingresar como fotógrafo, tarea que me daba la oportunidad de ser un espectador de primera fila.

Me instalé detrás de uno de los arcos merced a una credencial de fotógrafo, con cámara incluida, que me había conseguido Raúl Pizarro, entonces jefe de Deportes de El Mercurio.

El centro delantero del equipo chileno era Rogelio Farías con quien había cruzado algunas palabras cuando jugaba por la Unión Española, el equipo de la primera división del fútbol cuyo estadio era el Santa Laura, escenario de mis andanzas infantiles.

Me encogí de hombros cuando me preguntó sonriente: "¿Qué estai haciendo aquí, weón?"

Después de los abrazos y las explicaciones que le parecieron increíbles le hice prometer que si marcaba un gol tenía que regalarme la camiseta. Chile ganó 2-1 con goles de Francisco "Chamaco" Valdés y de Rogelio Farías.

Regresé al anochecer a Buenos Aires, ebrio de felicidad con la selección de mi país clasificada para el mundial y con la camiseta chilena del Rogelio Farías que, paradójicamente, había sido fabricada en Perú.

Además tenía las fotografías que documentaban el hecho de que había sido uno de los testigos más cercanos de esa hazaña.

CHILE Y UN NUEVO DESTINO

El retorno a mis tareas habituales a la semana siguiente en Buenos Aires marcó un nuevo rumbo en mi vida profesional. Se me ofreció ser corresponsal en México. Debía viajar lo más pronto posible. El sueño comenzaba a hacerse realidad.

Acepté de inmediato la oferta y la decisión probablemente se debió a que podía dedicarme a cuestiones políticas, económicas, sociales, científicas y hasta deportivas… de todo un poco, como cuando en mi niñez vendía bebidas gaseosas en el estadio, trabajaba en el torno de una fábrica, cuidaba automóviles en el estadio Santa Laura y acarreaba las verduras que las vecinas habían comprado en la feria.

De ser un "maestro Chasquillas" de la niñez me había convertido en un "maestro Chasquillas" del periodismo internacional.

Pero pedí que me dieran unos días de vacaciones en Chile. Queríamos ver a la familia antes de irnos tan lejos. Después de unas semanas de descanso partiríamos rumbo a mi nuevo destino.

Llenamos las maletas con un poco de ropa y, otra vez, con muchos artículos de primera necesidad: jabón, pasta dentífrica, azúcar, pañales, alimentos. Sabíamos que la situación en Chile había empeorado y que el desabastecimiento se había recrudecido en los últimos meses.

Pero nada de lo que hubiésemos podido imaginar podía parecerse al caos que encontramos en Santiago. El sabotaje económico estaba en su punto máximo. El país paralizado por una huelga de camioneros, no había repuestos para las fábricas que habían dejado hacía tiempo de producir, no había gasolina, no había pan.

El dólar se cotizaba diez o más veces sobre el valor oficial. Los partidarios del Gobierno de Unidad Popular de Salvador Allende se enfrentaban a los elementos de la derecha que pedían a gritos la intervención militar y las mujeres hacían sonar sus cacerolas para denunciar la falta de todo.

El corresponsal nuestro era entonces mi amigo uruguayo Hugo Infantino, quien no paraba de escribir noticia tras noticia de lo que ocurría, de los pronunciamientos de Allende, de los de la oposición, sobre la agitación militar, los rumores de un inminente golpe de estado, acerca de la encubierta intervención estadounidense y sobre la influencia de los asesores cubanos y de la órbita comunista.

La orden de mis jefes en Buenos Aires fue perentoria: ante la situación que se agravaba minuto a minuto tenía que abandonar mis planes de vacaciones y ponerme a trabajar en Santiago para ayudar a mi colega exhausto. Me iría a México cuando retornara la calma.

Pero era difícil ver una pronta pacificación, los ánimos estaban demasiado exaltados y la tensa cuerda sobre la que el país caminaba sobre el abismo estaba a punto de cortarse.

Me reuní una tarde para almorzar con mis hermanos y mi padre, a quienes no veía desde hacía muchos años. Fue en esas circunstancias que escribí el siguiente artículo, publicado el 29 de agosto de 1973 en el diario La Opinión de Buenos Aires:

Santiago de Chile:

Convertida su vida en una dura lucha por conseguir alimento, el quehacer de un chileno comienza en estos días con las primeras luces de las frías madrugadas invernales.

No importa a qué estrato social pertenezca; de clase media, alta o baja, siempre habrá un integrante de un núcleo familiar en algún lugar de los centenares de largas colas que se forman en los barrios de la ciudad para conseguir el pan del desayuno.

Arropado hasta el cuello, buscando recoger los primeros rayos de sol para poder soportar las temperaturas que bordean el cero grado centígrado, muchas veces debe permanecer a la espera de un artículo tan esencial hasta las últimas horas de la mañana, temeroso de la posibilidad de que las puertas se cierren en sus narices sin poder conseguirlo.

Aunque logre comprar pan, es posible que horas después se encuentre nuevamente en otra fila frente a un puesto de venta de diarios, esperando que se abra para comprar cigarrillos o tal vez se vea empujando su automóvil para echar no más de los diez litros diarios permitidos de gasolina a su agotado tanque en una estación de servicio vigilada por efectivos del Ejército fuertemente armados.

La vida diaria de la mayor parte de la población chilena, sea de la oposición o partidaria del gobierno, se ha convertido en los últimos doce meses en un constante y creciente esfuerzo por abastecerse de por lo menos los principales artículos esenciales.

Escasean el pan, la parafina, el querosén, el azúcar, el aceite, el arroz, los detergentes, los derivados de la leche y la compra de un vehículo para llegar al trabajo se ha convertido en una lejana quimera.

Faltan los repuestos para los vehículos, los cigarrillos y los artículos electrónicos, como televisores y grabadoras.

El ritmo de vida, el diario quehacer de cada familia, se ha visto afectado por la falta de productos esenciales achacada por el gobierno a la acción de saboteadora de paros "políticos y no gremiales, de la derecha", al tiempo que ésta replica que es sólo obra de la mala política y la ineficiencia oficial.

Con una inflación de más de 300 por ciento en los últimos doce meses, la tendencia general es comprar todo lo que sea, antes de que el dinero pierda valor.

Este es uno de los factores causantes del surgimiento de un mercado negro donde los productos que no aparecen en las vidrieras de los comercios se cotizan a cuatro o cinco veces su valor oficial.

Para una familia tipo, donde el padre ha sido siempre un socialista y su hija una de las tantas mujeres que ha salido a las calles de Santiago a golpear cacerolas en protesta por el desabastecimiento, la crisis económica, política y social del país se muestra en todos sus síntomas.

Para el jefe de ella, un obrero de 65 años, fervoroso partidario de Allende desde que hace 20 años el mandatario se lanzara a la búsqueda de la presidencia, la situación es de caos:

"Es cierto que estamos muy mal, que escasean muchas cosas, que ahora hay que sacrificarse para poder comer. Aunque tengamos mucha plata en los bolsillos es muy difícil conseguir pan, carne, arroz, vino, etcétera…"

"Pero no podemos echarle la culpa de todo al gobierno. Sabemos que hay una activa campaña de la derecha para provocar agitación, que acapara productos, que impide que los que quieren trabajar lo hagan libremente".

"Con paros políticos impide que los camioneros (que cumplieron más de un mes en huelga) lleguen hasta los almacenes a dejar los productos necesarios".

Pero su hija responde airadamente preguntándose: "por qué culpan de todo a la derecha? ¿No es cierto acaso que las empresas que estatizó Allende bajaron su producción? ¿No es cierto acaso que los que las que las dirigen son personas que nunca tuvieron experiencia en este tipo de actividades?"

En la (improvisada) Mesa Redonda interviene también su hermano, casado, de veintiséis años, con una hija, que vive en la población Patria Nueva.

"Yo no tengo problemas. Para mí el gobierno de Allende ha significado un gran beneficio. Hasta 1970 nunca había poseído nada y tampoco tenía esperanzas de llegar a ser propietario del lugar donde vivo".

Relata que a los pocos meses de asumir Allende, junto a otras familias de un sector de los barrios pobres de la capital se apoderó de un sitio donde instaló una bandera chilena y una carpa.

"Allí estuvimos sufriendo como seis meses. Finalmente el gobierno nos entregó un sitio demarcado y luego nos ayudó a construir una casa. De eso en realidad no me puedo quejar".

Ahora, con empleo fijo como ascensorista y con otro ingreso de unos treinta dólares como vendedor de café los fines de semana "me las arreglo bien".

Pero para su hermano, un obrero de industria de treinta y tres años y un ingreso levemente superior, la vida es muy difícil y desde hace dos años "sólo tengo problemas…y de todo tipo".

"Ahora sólo como fideos y más fideos. A lo mejor será por eso que estoy más gordo, pero ello no significa que estoy comiendo mejor".

"Mis niños sufren el problema de la falta de leche, de carne. Para mi hija de sólo pocos meses en muy raras ocasiones puedo conseguir alimento de bebés".

Reunidos solamente para recibir a un hermano que viene del exterior, los miembros de esta familia no ocultan sus divergencias y la conversación muy pronto degenera en una abierta pelea donde comienzan a aflorar los insultos por el color político que representa cada uno.

Como una forma de enfrentar la escasez de artículos, poco después de asumir Allende se crearon las Juntas de Abastecimiento y Precios (JAP).

La directiva de una JAP está integrada por miembros de un vecindario de cada grupo de comerciantes, junto con dirigentes de instituciones deportivas y centros de madres.

Cada quince días, las quinientas treinta familias que forman el grupo vecina reciben una cantidad de artículos esenciales distribuidos por unos seis comercios mediante el sistema de tarjetas.

La JAP entrega café, azúcar, arroz, aceite, cigarrillos, porotos y detergentes y otros artículos a precio oficial.

Pero para el obrero industrial, "con eso no alcanza para nada. Ni siquiera para una semana de alimentos para mis nenes".

"Están locos los del gobierno: se creen que con un kilo de azúcar me va a alcanzar para siquiera dos días. Tengo que conseguirme más en el mercado negro, donde se vende a tres o cuatro veces más cara que lo que debe costar. Tampoco me alcanza el aceite, el arroz y los porotos. Lo que siempre conseguimos son fideos y de eso comemos casi todos los días".

Acusa a las JAP de ser el principal foco del mercado negro, repartiendo a la población menos de lo que debiera "y guardándose el resto para sacar ganancias en el mercado negro".

Paralela a la JAP en la población Patria Nueva también existe una Junta de Abastecimiento Directo que está integrada por miembros de la directiva vecinal.

Esta adquiere los productos que luego venden a los pobladores cobrando el precio oficial más un recargo por el flete.

El hombre que mediante una invasión de sitios se convirtió en propietario argumenta que esa Junta de Abastecimiento Directo también los protege de cualquier problema que pudieran tener por la ocupación.

"Mi casa de dos dormitorios, baño, agua, luz y urbanización completa no tiene aún la posesión efectiva, pero si hubiera alguna dificultad me defiendo con la ayuda de la Junta".

Interviene nuevamente su hermana denunciando que las JAP "son nada más que una forma que tiene el gobierno de hacer sentir su influencia sobre la población. Sólo sirven para que sus funcionarios se aprovechen de las circunstancias".

Pese a sus divergencias los cuatro miembros de la familia coinciden en que el futuro que se le presenta a Chile es muy oscuro y que todo depende de cómo actúen los militares.

La única mujer señala que lo que es teme es la reacción que tendrá la izquierda ante un golpe militar contra el gobierno de Allende.

"No se puede descartar que haya una reacción violenta de los izquierdistas ante una medida castrense de ese tipo. "Van a pasar muchas cosas y todas terribles si así sucediera", vaticina.

"El mayor temor de todos nosotros es el estallido de una guerra civil. Cada vez es más la gente que está contra el gobierno, contra su labor. Pero también se sabe que los izquierdistas están dispuestos a todo para defenderlo. Ojalá que todo se arregle bien sin que haya que lamentar nada", agrega.

> Los ánimos vuelven a caldearse y la moderación
> se produce con el único otro tema que puede nivelar la
> siempre eterna discusión política: el fútbol.

Lamentablemente los buenos deseos de mi hermana no se cumplieron y sí se hizo realidad su macabro pronóstico de que sucederían cosas terribles en Chile.

En el momento en que escribía ese artículo, un terremoto devastaba una extensa región de México causando la muerte de más de 700 personas y mucha destrucción.

Ante la emergencia recibí orden de partir y el viaje a México fue tan caótico como la situación en Chile. Todo el mundo parecía estar huyendo y no había espacio en los aviones. Nuestras primeras reservaciones habían sido canceladas.

Finalmente, con nuestros dos niños pequeños y las maletas con todo lo que poseíamos, nos embarcamos en un vuelo que nos dejó varados en Lima. En la capital peruana debimos pasar una noche para continuar a Bogotá. Pernoctamos allí y salimos al día siguiente a Panamá, donde tuvimos que esperar 15 horas una conexión a México.

Llegamos tres días después de lo previsto, cuando el terremoto mexicano había pasado a ser una noticia de segundo plano, eclipsada por el hervidero político chileno.

Como jefe de familia creo que fue una suerte haber salido de Chile pocos días antes de que en ese fatídico 11 de septiembre de 1973 el general Augusto Pinochet y sus secuaces ordenaran el bombardeo de La Moneda donde murió Allende y se acabó la aventura del socialismo implantado sobre bases democráticas.

Como periodista, hubiese querido ser testigo directo de un capítulo triste de la historia chilena.

UN MAL COMIENZO

Pero no me escapé del todo de los sucesos que ocurrían en Chile. Dos días antes de que abandonáramos el país sufrí un accidente de tráfico mientras conducía el automóvil que había alquilado a un amigo para poder trasladarme en la ciudad ante la ausencia de transporte público.

El compromiso en ese acuerdo de amigos (porque no había ni siquiera vehículos de alquiler) fue que debía responder financieramente si algo le ocurría. Y sucedió lo que nunca hubiese esperado.

Salí a buscar a mi suegra acompañado por una sobrina y en un cruce de calles fuimos chocados por un camión en el que viajaban de contramano elementos de la Unidad Popular de Allende.

Mi sobrina resultó con traumatismo encéfalo craneal, yo quedé inconsciente con algunas magulladuras y el vehículo totalmente destruido tras ser arrastrado más de cien metros.

Tenía que pagarlo y hubiese podido hacerlo en dólares. Pero no tenía tiempo para hacerlo mediante la compra de pesos chilenos en el mercado negro. Debíamos partir a México en los días siguientes.

Pero los militares llevaron a cabo el golpe a los pocos días y el requerido dólar, que era el gran tesoro para el que pudiera contar con él, apareció por todas partes y sufrió una devaluación violenta.

La deuda que habría pagado con unos pocos billetes de la moneda estadounidense se convirtió en un compromiso que tuve que saldar con miles y me dejó en la miseria más absoluta en un país desconocido.

No tenía a quién reclamarle pues los elementos ante los que podía protestar no iban a prestar mucha atención a mis problemas. Estaban más preocupados de salvar el pellejo o asilarse en alguna embajada para huir de la represión militar.

Sin embargo, ese no fue obstáculo para el comienzo en México de una etapa profesional que fue feliz en gran parte.

Desde ese país se inició para mí un constante vagar por el continente. Me correspondió cubrir América Central en momentos en que arreciaban los movimientos campesinos contra los gobiernos oligárquicos: el sandinismo en Nicaragua, la insurgencia campesina en Guatemala y del Frente Farabundo Martí de Liberación Nacional (FMLN) en El Salvador.

Se habían levantado contra el dominio de dinastías familiares como la de los Somoza, en Nicaragua; o el poder de los militares en El Salvador y en Guatemala, en algunos casos afianzados por las empresas bananeras estadounidenses a las que acuciaba el terror de que alguno de esos países se convirtiera en otra Cuba o tuviera éxito el ejemplo chileno.

México continuaba bajo el control del Partido Revolucionario Institucional (PRI), Costa Rica seguía con su perfecta democracia sin militares, Honduras no ofrecía grandes noticias y Panamá se disponía a recibir, por fin, la soberanía sobre el Canal de manos de sus administradores estadounidenses.

El trabajo en México era apacible y las noticias escasas. El país comenzaba a aumentar su producción petrolera y lo que casi siempre nos ocupaba el tiempo era la situación económica, algunos rumores políticos y hasta las andanzas de Cantinflas y de María Félix, o el fútbol local.

El país nos recibió con los brazos abiertos y nos brindó toda la hospitalidad de una población que ha aprendido que los extranjeros y, sobre todo los turistas, constituyen un importante respaldo para la economía.

El taxista que nos llevó al hotel y que me parecía que hablaba igual que Cantinflas nos alertó sobre los peligros de la gran capital mexicana y nos ofreció su casa ("la casa de usted", como decía) si teníamos algún problema.

A los dos días de llegar y cuando ni siquiera había comenzado a trabajar fui invitado a un almuerzo en el que se rendía homenaje a un exitoso programa de la televisión local que, según me contaron después, analizaba acontecimientos políticos y culturales.

En el último de ellos había participado el francés Regis Debray, uno de los más activos asesores del gobierno socialista de Salvador Allende en Chile, junto a otros intelectuales mexicanos.

Debray también había sido antes uno de los compañeros de Ernesto "Che" Guevara durante la malhadada campaña boliviana del héroe de la revolución cubana.

Después de los postres se inició la distribución de premios y escuché que se mencionaba mi nombre y se agradecía mi participación en el programa del cual no tenía idea y sólo sabía que era de alto nivel ¡Qué honor y qué mejor manera de empezar!

Y si eso fuera poco a las pocas semanas formé parte del grupo de periodistas invitados para acompañar al entonces presidente Luis Echeverría en una gira por América Latina que también incluyó a Jamaica. El objetivo declarado del viaje era promover lo que él veía como el ejemplo mexicano de democracia e insistir en su respaldo al derrocado gobierno izquierdista chileno.

A partir de aquel viaje comencé a experimentar la forma subterránea de corrupción que usaba el gobierno con los periodistas mexicanos y, aunque en menor medida, o más discretamente, con los extranjeros.

El pasaje aéreo, los hoteles, las comidas y hasta los traslados locales en cada país de la gira eran pagados por el gobierno que se encargaba además de ofrecer todas las facilidades para el trabajo de la prensa que formaba parte de la comitiva.

Los extranjeros disfrutábamos de todo eso, pero nos manteníamos al margen de otras "bondades" del gobierno hacia los periodistas mexicanos que en Buenos Aires estiraron milagrosamente sus sueldos escasos y arrasaron con las prendas de cuero de la calle Florida.

Los corresponsales extranjeros en México sólo aceptábamos recibir del presidente para las navidades una enorme canasta con todo tipo de manjares: champaña, caviar, quesos, chocolates suizos y vinos franceses que nos duraban casi todo el año.

En una ocasión el gobierno mexicano ofreció poner a disposición de la Asociación de Corresponsales Extranjeros una sede con todas las comodidades: máquinas de escribir, teléfonos y facsímil. La oferta fue cortésmente rechazada.

Con tanta bondad cómo podía uno escribir algo negativo, decir por ejemplo que en Ecuador no habían sido miles sino que unos pocos centenares los que habían recibido a Echeverría en el aeropuerto de Quito; o que el encuentro con las autoridades argentinas en Buenos Aires había sido bastante frío.

¿No era acaso ingratitud hablar del subdesarrollo mexicano? ¿De la oposición interna contra Echeverría? ¿De las actividades de un grupo guerrillero en el estado de Guerrero? ¿De la pobreza que jalona sus calles?

El gobierno de Allende había desatado una ola de respaldo en todo el mundo y, sinceros o no, muchos intelectuales no tenían empacho en proclamar las bondades de la izquierda y la campaña que realizaba Echeverría en su favor.

Entre ellos estaba el escritor peruano Mario Vargas Llosa, quien durante la gira de Echeverría se reunió con nosotros en Lima para hablar de su obra y señalar que él era parte de esa ola anti militar e izquierdizante. Sin duda el tiempo cambia las percepciones políticas.

Paz en México, invitaciones de gobernadores y autoridades de los diversos estados, estrenos privados de las películas mexicanas en los estudios Churubusco, almuerzos, cenas y desayunos. México era un permanente festín y un paraíso para el periodista que quiere tranquilidad.

Lo verdaderamente intenso estaba en América Central donde aumentaba la agitación política, crecían la guerrilla sandinista y el conflicto subterráneo entre militares, guerrilleros y extremistas de derecha en los otros países de la región.

Nos turnábamos los corresponsales de la agencia para viajar a cubrir esos acontecimientos.

Muchas veces no alcanzábamos a sacar la ropa sucia de la maleta y teníamos que prepararnos para viajar e informar sobre un asesinato más como el del cura Arnulfo Romero, en El Salvador; una matanza de campesinos en Guatemala, o la creciente marea del sandinismo en Nicaragua.

Durante esos años también utilicé mis habilidades como periodista deportivo y estuve un mes en la República Dominicana para informar sobre los Juegos Centroamericanos y del Caribe y me trasladé a Panamá para cubrir la visita del entonces presidente de Estados Unidos, Jimmy Carter, con el objeto de hacer oficial la entrega de la soberanía del canal.

Tras el golpe militar en Santiago, los periodistas nos reunimos en la Ciudad de México con los miembros de la selección chilena de fútbol que debía disputar la clasificación al Mundial de Alemania frente a la Unión Soviética, un país convertido en enemigo del régimen de Pinochet.

En ese encuentro Carlos Caszelly, el centro delantero del equipo chileno, me confirmó que había sido consecuente con sus ideales izquierdistas y que durante la ceremonia en la que la comitiva había sido despedida por Pinochet se había negado a estrechar la mano del gobernante militar.

En Moscú el equipo chileno empató sin goles y se clasificó para el Campeonato Mundial en Alemania luego de que las autoridades del fútbol de la Unión Soviética rechazaran la posibilidad de que su equipo jugara el segundo partido en el Estadio Nacional de Santiago que hasta hacía unos pocos meses había sido la prisión de centenares de opositores al nuevo régimen.

Pero el golpe de estado en Chile y sus consecuencias me pusieron en aprietos en México donde se intensificó el trabajo con la llegada de los exiliados sudamericanos.

La insistencia del gobierno de Echeverría en presentarse como un paladín de apoyo a la izquierda chilena se intensificó a tal punto que condujo a la ruptura de relaciones entre ambos países.

Por otra parte, los esfuerzos de nuestra agencia por ofrecer una información objetiva e independiente chocaban con la posición de la prensa local mexicana que denunciaba el golpe y con la de la derecha que alegaba una presunta tendencia izquierdizante.

Para colmar el vaso, un editor en la Ciudad de México agregó a una información que había salido con mi nombre datos sobre un presunto discurso de Echeverría en que se habría referido a Pinochet calificándolo como "dictador". ¡Qué ofensa!

Los indignados funcionarios chilenos afirmaron que era inaceptable que el mandatario mexicano se refiriera en esos términos al gobernante militar justo en momentos en que el canciller mexicano trataba en Santiago de lograr la liberación de presos políticos.

El incidente fue una de las excusas que llevaron a la ruptura de relaciones diplomáticas y, aunque no me lo dijeron, creo que fue la razón por la que se me pidió volver a la Argentina a esperar que pasara la marea.

No sé si considerarlo un consuelo o no, pero pocos años después y en el pináculo del poder el propio Pinochet admitió que estaba orgulloso de ser un dictador.

ARGENTINA, SEGUNDA VEZ

En mi regreso a Buenos Aires, además de ser otra vez testigo de los acontecimientos políticos de Argentina, gocé del privilegio de participar en la cobertura periodística del Mundial de Fútbol de 1978 en la ciudad de Córdoba y las celebraciones de la selección local que se tituló campeona tras derrotar a Holanda.

Fue un mundial de fútbol que contó con todo el impulso del gobierno militar del general Rafael Videla y la coronación de Argentina como campeón mundial, fue ayudada, según los suspicaces, por el arquero de la selección peruana.

Para continuar en la carrera por el campeonato, Argentina debía golear por al menos 3-0 en su partido frente a Perú en la ciudad de Rosario y el guardavallas rival casualmente había nacido en Argentina.

La selección local ganó 6-0 y pudo así llegar a la instancia final en que derrotó a los holandeses y se coronó campeona.

En esa ocasión para muchos resultó muy extraño que el presidente Videla visitara los vestuarios del equipo peruano para desearle suerte en su encuentro decisivo ante Argentina.

Los gritos de alegría de los argentinos que salieron desde el estadio de River Plate, en el elegante barrio de Núñez tras el triunfo mundialista acallaron los de angustia de los centenares de presos políticos que esperaban un oscuro destino en el encierro de la Escuela de Mecánica de la Armada, a unas pocas calles.

Años después, cuando purgaba una condena a cadena perpetua por su responsabilidad en la desaparición de miles de argentinos, Videla formuló un extraño desmentido a las denuncias de un soborno que se habría pagado a los jugadores peruanos.

"De mi bolsillo no salió un solo peso....", manifestó dejando en el aire la pregunta consiguiente: ¿salió dinero de alguna otra parte para pagar ese denunciado soborno?

Viajé muchas veces a Chile para cubrir las vacaciones de mis colegas o hacer breves remplazos y eso me permitió conocer la situación, el desempleo, el problema de las desapariciones, los presos políticos y las presiones de la dictadura que se hacían sentir en la prensa local.

Los diarios que todavía salían a la calle, las radioemisoras y las revistas hacían un festín de las noticias deportivas y de la farándula, pero no se atrevían a profundizar en los asuntos políticos y si lo hacían era para transmitir sólo la visión del gobierno que aplicaba sin miramientos la política económica de los Chicago Boys bajo la batuta de Milton Friedman.

La libre discusión política que había conocido durante mis años universitarios no existía. Ya no había estridencias. Se hablaba en voz baja y siempre con el temor de que pudiera haber en las cercanías algún informante del gobierno. Revelar alguna tendencia izquierdista era desafiar al destino.

La música era neutra e insípida. Los informativos de radio o de televisión no hablaban de política, ni de economía y hacían de la farándula o el deporte la gran noticia del día.

Se habían acabado las peñas musicales donde hasta hacía unos meses los artistas de la nueva onda folklórica cantaban sobre los problemas sociales del país rompiendo los moldes de la buena presentación de los que les habían precedido durante los regímenes anteriores.

Muchos de esos artistas antes y durante el gobierno socialista habían vestido ponchos de lana de apariencia humilde, un sombrero cualquiera y hasta calzaban humildes y proletarias ojotas.

No es que se hubiera terminado el arte en Chile con la irrupción de los militares. Pero los exponentes de la nueva canción folklórica tuvieron que huir del país para escapar de la represión del régimen o fueron eliminados, como ocurrió con el comunista Víctor Jara en el estadio Nacional.

El hueco que dejaron fue llenado en gran medida por artistas que se abstenían de meterse en líos con el gobierno militar y no hacían ninguna mención de lo que estaba ocurriendo en el país.

Uno de esos grupos era el de Los Huasos Quincheros, un conjunto con apellidos de abolengo cuyos integrantes llegaban a los escenarios vestidos muy elegantes, con coloridos ponchos de seda, botas y sombreros que en Chile llevan solo los dueños de los latifundios, no los campesinos pobres.

Los Huasos Quincheros pasaban por alto en sus canciones el desempleo o el hambre, el clamor de los presos políticos, las desapariciones, la ausencia de respeto a los derechos humanos.

Cantaban temas tan inconsecuentes como los de "La manta de tres colores", "Dónde habrá como mi cueca" o "Mi caballo blanco".

Su mayor referencia social tenía que ver con un tema dedicado a un "Alamo huacho" y terminaban sus actuaciones con insultos a la inteligencia como ese del "El patito chiquito" que no quería ir al mar porque en agua salada no sabía nadar.

Es necesario reconocer que, al contrario de los periodistas locales, los que veníamos del extranjero disfrutábamos de mayor libertad informativa o no nos censurábamos mucho.

Aunque era chileno pude visitar y escribir sobre el Estadio Nacional que había sido en los primeros meses del nuevo régimen la cárcel improvisada de presos políticos y sobre los campos de detención de la dictadura.

Desarrollé esos temas y nunca pensé que podrían acarrearme consecuencias nefastas. Me sentía poco menos que invulnerable ante mi condición de "corresponsal extranjero" en mi propio país.

Estuve en el campo de detención de Tres Alamos y escribí sobre los prisioneros que habían sido torturados y de cuyo destino final nunca pude saber.

Y hasta me di la satisfacción de dar un golpe noticioso al gobierno no por afanes míos sino por obra de la casualidad, como ocurre casi siempre.

Se estaba hablando en todo el mundo de un secreto canje de presos políticos entre Chile y la Unión Soviética cuyas relaciones habían quedado automáticamente interrumpidas tras el golpe de estado.

En la capital chilena nadie quería o podía hablar del tema. Era secreto absoluto para el gobierno militar que ni siquiera admitía algún contacto con los odiados comunistas soviéticos.

Un primo que trabajaba en el aeropuerto me llamó para avisarme que había visto a Luis Corbalán, secretario general del Partido Comunista chileno, y uno de los más importantes presos políticos del régimen de Pinochet.

Estaba con toda su familia en un sector del aeropuerto vedado al público y bajo estrecha vigilancia. Se aprestaba a abordar un avión de Lufthansa que hacía escala en Buenos Aires con rumbo a Zurich, donde Corbalán iba a ser canjeado por un disidente soviético.

Envié la noticia a Buenos Aires y desde allí se transmitió a todo el mundo. Quedó al descubierto el secreto que el gobierno de Pinochet quería ocultar hasta el último minuto.

Semanas después, Giangiacomo Foá, el corresponsal del Corriere della Sera para todo el cono sur sudamericano, me agasajó con un almuerzo de lujo en Santiago.

Me dijo que amparado en mi noticia sobre la partida de Corbalán había comprado pasaje en el vuelo de la línea aérea alemana y que durante el viaje había entrevistado en el avión al líder comunista chileno.

En uno de esos viajes para ayudar en la cobertura informativa de Chile fui invitado a un asado navideño por el gobierno militar y esa fue la única ocasión que tuve de cruzar unas palabras con Pinochet que llegó al lugar rodeado de un fuerte aparato de seguridad.

El intercambio con el dictador fue muy breve y tras la presentación sólo me dijo con su profundo acento chileno que era interesante que yo fuera un enviado extranjero en mi propio país.

Pero al observarlo no pude dejar de hacer comparaciones con el entonces presidente cubano, el hombre al que Pinochet culpaba de la mayoría de los males chilenos.

El gobernante militar lucía su elevada gorra de general que lo hacía parecer más alto que todos sus acompañantes mientras que Castro, con su uniforme de verde olivo, agitaba las manos como si sus palabras no fueran suficientes para llamar la atención de los que le escuchaban.

El rostro de ambos era terso y la ausencia de huellas en sus cuerpos revelaba que, al parecer, se habían ocupado de estar muy lejos de los lugares donde sus fuerzas libraron las principales batallas.

En agosto de 1975 asistí a las celebraciones del sesquicentenario de la independencia de Bolivia y en La Paz entrevisté al general Hugo Bánzer Suárez, uno más en la entonces larga lista de presidentes militares en América Latina.

Aquel viaje me abrió más los ojos a la realidad latinoamericana y plasmé de primera mano la animosidad boliviana contra los chilenos y su consigna de conseguir alguna vez la salida soberana al mar que perdió tras la guerra del Pacífico a fines del siglo XIX.

En las calles de La Paz los carteles y los gritos de "Viva Bolivia" eran apagados por los que reclamaban el fin de la mediterraneidad del país, por la denuncia contra los "chilenos ladrones" y por el reparto de diarios de la época de la guerra que condenaban la invasión armada del vecino sureño.

Recordé entonces la cantinela de mi padre que vituperaba contra la herencia de regionalismo que habíamos recibido de los conquistadores españoles que, según afirmaba, nos había condenado al subdesarrollo.

"Somos una sola nación, hablamos el mismo idioma; en mayor o menor medida, somos todos cristianos. No debería haber chilenos, bolivianos, mexicanos, panameños, mexicanos, peruanos, ecuatorianos o argentinos. Somos todos latinoamericanos", decía.

Se preguntaba por qué no somos una potencia. "Ni siquiera debería haber tanta miseria. El continente tiene todo lo que necesita: riqueza mineral en Chile, en Bolivia; petróleo en Venezuela, México, Ecuador".

El conflicto, en el que también participó Perú que había firmado un tratado de defensa mutua con Bolivia, comenzó en 1879 con la invasión chilena sobre la provincia de Antofagasta, entonces boliviana.

Terminó cuando Perú y Bolivia tuvieron que entregar el botín de guerra reclamado por los vencedores: la provincia de Antofagasta que privó de salida al mar a Bolivia, y la provincia peruana de Tarapacá.

Esos dos territorios alargaron más aún la geografía chilena y son ahora el corazón de conflictos limítrofes que han servido para que peruanos y bolivianos golpeen las puertas de los organismos internacionales en busca de una solución que no encuentra respuesta chilena.

En La Paz los colegas bolivianos trataban de calmar mi nerviosismo chileno y me explicaban que su animosidad (como ocurre en Perú) se les había inculcado desde sus primeros años de escuela y no estaba dirigida contra mis compatriotas sino que contra los gobernantes del pasado que habían generado el conflicto.

Las explicaciones históricas que yo conocía por boca de mi padre me habían dicho que, en el fondo, como ocurre con casi todos los enfrentamientos entre países, éste tenía razones económicas y había sido impulsado por fuerzas externas: empresas inglesas del salitre que se negaban a pagar un impuesto especial que les había aplicado el gobierno boliviano en Antofagasta.

Fue un viaje ilustrativo de los odios centenarios que subsisten entre nosotros los latinoamericanos. Pero también me aclaró, una vez más, que no tenía mucho de eso que llaman "olfato periodístico".

En el hotel adonde llegué en La Paz también se hospedaban militares chilenos, argentinos, peruanos, uruguayos y brasileños que asistían a las celebraciones del sesquicentenario boliviano y se reunían furtivamente en los salones.

Entre ellos estaba Francisco Morales Bermúdez, un general de Ejército hasta entonces desconocido y que a los pocos días de regresar a Lima se hizo del poder peruano en otro golpe de Estado más en América Latina.

Si hubiese sido un poco suspicaz habría pensado que las asonadas militares no eran en muchas ocasiones decisiones de los uniformados de un solo país y que, tal vez, en la ciudad boliviana se había comenzado a incubar la idea de los generales gobernantes latinoamericanos de eliminar a los opositores izquierdistas en lo que terminó por llamarse "Operación Cóndor".

Pero los militares, en este caso argentinos y chilenos, no estaban tan de acuerdo en todo y en 1978 estuvieron a punto de lanzar sus tropas a la guerra por la posesión de tres islotes miserables en el canal de Beagle, en el extremo austral del continente.

Las islas, desiertas y azotadas por los terribles vientos australes y sin mucho que ofrecer, habían perdido hacía muchos años su valor estratégico. Sin embargo, ambos países, como niños porfiados, no querían ceder y a fines de ese año enviaron sus naves de guerra a la región mientras sus soldados se miraban con caras hostiles a lo largo de la frontera sur.

En Buenos Aires vimos cómo se intensificaba el movimiento de tropas y llevaba a cabo mi trabajo en la capital argentina con el temor de que muy probablemente me vería perjudicado por el conflicto, sería expulsado del país junto con mi familia o tendría que dejar de trabajar en la difusión noticiosa.

Los temores no eran infundados y se acrecentaban al informarse sobre el desplazamiento de tropas en el sur del país y en Buenos Aires hasta se hacían simulacros de bombardeos mediante apagones que tal vez no eran muy prácticos pues dejaban encendidos los semáforos que marcaban claramente las calles de la ciudad.

El peligro se hizo todavía más inminente cuando el gobierno argentino del general Rafael Videla declaró nulo un tratado de límites que ambos países habían firmado en 1881 y exigió una solución a través de negociaciones directas planteando de forma tácita la cercanía de la guerra.

Chile acudió a la Santa Sede y el Papa Pablo VI decidió intervenir en favor de la paz. Pero murió a los pocos meses y le sucedió Juan Pablo I el cual también falleció. Finalmente su sucesor, Juan Pablo II, aceptó mediar en busca de una solución.

Respiramos aliviados cuando en diciembre de ese mismo año se anunció la intervención de la Santa Sede y su determinación de concebir una fórmula de paz. Ninguno de los dos países se atrevería a rechazar una solución del Sumo Pontífice.

De todas maneras y para estar más seguros mi mujer y mis dos hijos habían partido a Chile mucho antes. Días después, acompañado por un colega chileno, yo emprendí también una febril huida en mi automóvil con el cual cruzamos una vez más la Cordillera de los Andes.

A nuestro paso por el territorio fronterizo vimos los preparativos militares argentinos. Y siendo dos chilenos casi nos dio un ataque al corazón al ver que un helicóptero de la Fuerza Aérea Argentina seguía el paso de nuestro vehículo por los caminos y los vericuetos de la montaña que habían sido abandonados por los turistas ante un inminente estallido de las hostilidades.

Dos chilenos observando maniobras militares argentinas. Era seguro que nos ponían a buen resguardo aun cuando demostráramos que éramos periodistas en viaje de vacaciones a Chile.

Finalmente el helicóptero se alejó cuando nos acercábamos al control de la frontera. Sin embargo, los problemas para nosotros los viajeros no habían terminado. A pocos kilómetros de la bajada por la cuesta de Los Caracoles, el vehículo con placas argentinas fue apedreado por exaltados chilenos.

Y, en la ciudad de Los Andes, nos vimos obligados a bajarnos y levantar nuestros brazos en señal de rendición informando a gritos que no éramos argentinos, que éramos chilenos.

El fervor bélico argentino entró en un terreno de sobriedad tras el anuncio papal, pero sólo duró hasta 1982 cuando el régimen del general Leopoldo Galtieri (sucesor de Videla) decidió recuperar la soberanía argentina sobre las islas Malvinas (Falklands) y mandó sus tropas a invadirlas.

MEXICO, OTRA VEZ

Tal y como se había previsto la marea izquierdista se diluyó tras el cambio de gobierno en México y quizás como una disculpa por haber salido del país de manera intempestiva me asignaron una vez más a cubrir su información y también la de Centroamérica.

Para entonces las insurgencias centroamericanas eran abiertas y las matanzas de campesinos y los enfrentamientos armados se sucedían en Guatemala, El Salvador y Nicaragua y Panamá se aprestaba a recibir finalmente la largamente reclamada soberanía sobre el canal.

El ir y venir de Centroamérica era una constante de esos años y en nuestra oficina de la calle Reforma nos contábamos las experiencias y nos llenábamos del humo de los puros que traíamos de Honduras relatándonos las aventuras de aquellos días.

Una de mis visitas a El Salvador coincidió con un desgarrador incremento de las hostilidades entre los militares y las fuerzas del Frente Farabundo Martí de Liberación Nacional (FMLN).

Llegué una tarde y al bajarme del taxi que me llevó hasta el hotel Camino Real a un centenar de metros estalló una bomba instalada en un vehículo como si fuera una manifestación de bienvenida al país.

Durante esa mi primera noche en El Salvador el sueño fue interrumpido varias veces por tiroteos intermitentes que se libraban en los alrededores.

Desde hacía varios meses el hotel Camino Real estaba celosamente protegido por fuerzas especiales pues se había convertido en el principal centro de operaciones de la prensa internacional.

Al día siguiente pude confirmar de primera mano la forma en que la violencia permanente va limando las sensibilidades poco a poco y que después de tantos años de experimentarla ésta parecía ser una normalidad para los habitantes de la ciudad.

Pregunté a uno de los empleados del hotel cuál era la situación en esos momentos, si había ocurrido algo espectacular.

"Nada. Encontraron varios cadáveres en una de las calles cercanas pero, aparte de eso, no ha pasado nada", manifestó con un encogimiento de hombros como quien responde sobre el estado del tiempo.

Pocas horas después los militares vinieron a buscar a un grupo de periodistas y me sumé a una caravana que viajó a un sector de las afueras de San Salvador para ver de primera mano lo que ocurría.

El consejo principal que reciben los periodistas, principalmente de las agencias de noticias, es el de no arriesgarse…."keep your head down", dicen. No hay necesidad de asumir riesgos como los que tienen que correr los camarógrafos o los fotógrafos.

Acaté la sugerencia sin remilgos. Estuve varias horas parapetado detrás de un muro y en medio de un tiroteo entre los militares y las fuerzas insurgentes. En esa ocasión vi caer muerto de un balazo en la cabeza un inocente campesino que se había asomado por una ventana aparentemente para investigar qué pasaba.

Días después salimos nuevamente de San Salvador y llegamos a un sitio escenario de enfrentamientos y que, según los militares, había sido limpiado de insurgentes.

Pero un fotógrafo estadounidense, que había llegado sin trabajo de Vietnam después de que se firmaran los acuerdos de paz para aquel país, decidió buscar a los miembros del Frente Farabundo Marti, la principal fuerza insurgente en el país, para entrevistarlos y tener sus imágenes.

El estallido de una mina terrestre le voló una pierna cuando se internó sin guía en un campo cercano a la localidad a la que nos habían llevado los militares.

Fui testigo de incidentes similares en Guatemala donde los campesinos eran víctimas de la represión militar y en Nicaragua donde los sandinistas luchaban contra la dinastía de la familia Somoza.

VENEZUELA Y LAS MALVINAS

Hasta que fui trasladado de México a Venezuela donde vi cómo ese país se convirtió en el pariente rico de América Latina merced a su petróleo, un producto de exportación que –paradójicamente– fue la causa del abandono de la agricultura que había sido su principal sustento desde la conquista española.

También presencié cómo los dos principales partido políticos, Acción Democrática y COPEI, se turnaban en el poder y permitían que creciera la corrupción que se convirtió después en una de las excusas para que Hugo Chávez, también un militar, se hiciera con el poder.

Fueron cinco años durante los cuales nunca pude regularizar mi situación en el país porque siempre había un problema que se podía arreglar de alguna forma indirecta que implicaba el desembolso de una cantidad específica de dinero.

Pero mi hijo, que era un hábil jugador de béisbol, recibió sin siquiera solicitarla documentación de venezolano lo cual le permitió al día siguiente formar parte de un equipo que participaba en la liga juvenil de Los Criollitos.

Para entonces Venezuela se había convertido en un país líder de la Organización de Países Exportadores de Petróleo (OPEP) y nuestra obligación era la de informar de todo lo que oliera en el país a hidrocarburos. Importantes pero en segundo plano estaban los asuntos financieros y políticos.

Desde Caracas me encargué de dar mi visión periodística sobre algunos países del Caribe y se me asignó una misión de unos meses en Londres donde traté de ejercer funciones de editor para noticias latinoamericanas escritas en inglés.

La Guerra de las Malvinas en abril de 1982 me sorprendió en Venezuela, un país que había proclamado su abierto respaldo a la soberanía argentina sobre el inhóspito y remoto archipiélago enclavado en medio del Atlántico y por un momento me hizo centro de la información de la agencia británica Reuters para América Latina.

Me llamaron por teléfono desde Buenos Aires para advertirme de que era posible que tuviera que encargarme de la transmisión de las noticias desde Caracas. Pregunté qué estaba pasando y recibí como respuesta un escueto "no te podemos decir".

Pocas horas después se informó de que las tropas argentinas habían desembarcado en los islotes desencadenando un conflicto en que muchos creyeron que participaría Estados Unidos en defensa de su "patio trasero".

A pocos se les pasó por la cabeza que, en fin de cuentas, Gran Bretaña y Estados Unidos habían sido aliados en dos guerras mundiales y que tenían lazos históricos mucho más fuertes que los que pudieran existir entre Washington y los países latinoamericanos.

Supongo que la idea de sacar el centro de transmisión de noticias se basó en el temor de que después de todo se trataba de una agencia informativa de Gran Bretaña enclavada en la Argentina y de que en algún momento quedarían interrumpidas sus comunicaciones.

La interrupción se produjo tal y como se había previsto y dos personas tuvimos que poner hombro al trabajo en Caracas que realizaba un grupo mucho más numeroso en Buenos Aires. Pero duró pocas horas al cabo de las cuales todo volvió a la normalidad noticiosa en la capital argentina.

La guerra desató una ola de solidaridad popular con Argentina en Venezuela que fue efectiva en la mayoría de los casos pero también propició en Caracas y en otras ciudades del continente la aparición de estafadores que aprovecharon el drama bélico para llenarse los bolsillos.

En la trampa caímos muchos que contribuimos con dinero a un fondo de "Ayuda para las Malvinas" que desapareció misteriosamente cuando todavía ni siquiera había terminado la guerra.

En Buenos Aires las autoridades argentinas emitían boletín tras boletín proclamando el avance de sus tropas sobre las defensas inglesas excluyendo convenientemente las malas noticias mientras en Londres los portavoces británicos hablaban de todo lo contrario.

Al parecer la verdad estaba por el lado inglés pues el jefe de prensa de la embajada argentina en Caracas me llamaba por teléfono mañana y tarde para enterarse de lo que estaba ocurriendo y no creía mucho en lo que se afirmaba en Buenos Aires.

Por aquellos días llegó a la capital venezolana el canciller argentino Nicanor Costa Méndez quien proclamó una vez más los triunfos de las tropas de su país en el archipiélago y anticipó que en los próximos días habría "una sorpresa".

Dos días después las tropas argentinas se rindieron y entregaron sus armas a las tropas defensoras británicas que habían cruzado el océano para llegar a los islotes con la conveniente ayuda del aparato militar estadounidense. Esa fue la sorpresa.

Argentina erró totalmente cuando sus gobernantes creyeron que Estados Unidos estaría de su lado. Ciertamente hubo solidaridad latinoamericana pero ésta no pasó de las manifestaciones rimbombantes sin ninguna sustancia.

Hasta le dio la espalda Chile que prestó su apoyo para las operaciones militares británicas desde su territorio por orden del presidente Augusto Pinochet a quien la primera ministra británica Margaret Thatcher le dio los agradecimientos correspondientes años después en Londres.

LA ULTIMA MISION

Una de las últimas tareas que cumplí desde mi base en Caracas fue la cobertura informativa de un golpe de estado en Surinam, una sublevación militar en un país que nació como Guayana Holandesa y del cual se ignora casi todo, del cual nunca se habla.

Es un país sudamericano, sobre la frontera norte de Brasil. Un lugar extraño donde se conduce por la izquierda, donde el idioma es el "taqui-taqui", una mezcla de holandés, español, inglés y hasta portugués, y muchos de sus habitantes de tez muy oscura tienen cabello liso y ojos orientales producto de la inmigración procedente de las islas de Indonesia.

Las calles de Paramaribo, la capital, están jalonadas por iglesias católicas, mezquitas, pagodas, sinagogas y templos budistas y son recorridas por indios y mestizos indígenas, con alguna contribución de los colonizadores holandeses.

Como Chile, Surinam constituía otra isla en el continente. Pese a que la distancia en avión es relativamente corta desde Caracas, tardé más de 24 horas en llegar a Paramaribo, una ciudad azotada por el sol, la humedad y rodeada por bosques pantanosos e impenetrables.

En febrero de 1980 esperé en Miami el único vuelo diario hacia Paramaribo y durante el viaje entablé una breve amistad con una muchacha colombiana que viajaba a Holanda a participar en el negocio de la prostitución. Me explicó que tomaba esa extraña ruta para eludir el control de las autoridades holandesas.

Cuando nos preparábamos para la llegada a la capital de Surinam, el capitán de la nave nos avisó que tendríamos que esperar pues se había declarado el toque de queda y que solo podría aterrizar cuando expirara a las seis de la mañana.

La medida había sido implantada por el coronel de Ejército Desiré Bouterse, cabecilla de un golpe de estado que después eliminaría a 15 opositores "en un intento de fuga", según explicó el recién establecido gobierno.

Bouterse, acusado de narcotráfico y quien hasta 2014 seguía siendo el gobernante del país, aceptó la responsabilidad política por esos asesinatos. Negó haber estado presente en las ejecuciones y achacó la responsabilidad total a un comandante de batallón que murió después.

Creía ser un periodista experimentado en ese tipo de situaciones. Había participado en la información sobre las guerras en El Salvador y Nicaragua, golpes de estado de Argentina y en Uruguay, la represión en Chile, la agitación política en otros países, manifestaciones y asonadas militares.

En todos esos acontecimientos latinoamericanos siempre los periodistas éramos un grupo abigarrado que, con frecuencia, nos reuníamos en un hotel de cualquier ciudad para sentirnos protegidos, intercambiar información o espiarnos entre nosotros mismos para que nadie se escapara con una exclusiva.

Nada de eso en Paramaribo. Era una ciudad virtualmente abandonada por los extranjeros. El hotel al cual llegué tenía un solo huésped, un brasileño que estaba en el país para vender no sé qué cosa a las nuevas autoridades.

Sin contactos, era muy difícil conocer lo que estaba ocurriendo en el país. La televisión comenzaba a emitirse en la tarde y no incluía noticias. Escuchaba las radioemisoras locales, pero mis conocimientos de taqui-taqui eran nulos. Sin embargo, poco a poco y con muchas dificultades fui vislumbrando la situación con la ayuda de periodistas de la agencia informativa local.

Además comencé a tocar puertas en oficinas del gobierno y a entrevistar funcionarios para formular una información más o menos coherente. Reinaba el miedo y pocos querían hablar.

Como en las películas siniestras a los dos días de esfuerzos descubrí que mis pasos eran seguidos por alguien vestido con ropas de civil, tal vez un agente del gobierno. Pienso que el objetivo era intimidarme, advertirme de que estaba merced de ellos, que no podía dar ningún paso en falso con mi información.

En situaciones candentes como en las guerras, los desastres naturales o la agitación civil los corresponsales de las agencias de noticias reciben siempre la orden de no asumir riesgos ni tomar partido. Es decir el viejo consejo de Paco Quintana, el periodista español que guió mis primeros pasos: "entérate de todo, pero no te metas en nada, nada de mojarte el poto".

No tenía dudas de que había seguido su consejo en todo momento y de que no se me podía acusar de parcialidad, pero me era imposible negar que estaba asustado cada vez que abandonaba el hotel en mi tarea de reportero en esa extraña ciudad.

Por fin recibí orden de regresar y partí al aeropuerto. Misteriosamente mi reservación había sido cancelada, pero el avión partió con sólo unos pocos pasajeros.

En el taxi de vuelta a la ciudad me acompañó gentilmente un ciudadano estadounidense de edad avanzada que muy solícito me preguntaba qué hacía yo en Surinam, qué había averiguado, adónde transmitía mi información.

No sabía qué hacer. No creía haber hecho nada malo, ni haber transmitido alguna noticia falsa. Hasta me reuní con el entonces embajador de Venezuela quien me ofreció su residencia donde debía esperar para salir del país.

Dos días después, finalmente, abordé un avión que me llevó hasta Puerto España. Allí me subí a otro que había llegado colmado de venezolanos que venían al carnaval. Regresé aliviado como nunca a mi hogar en Caracas.

Fue una experiencia extraña y la última que viví como corresponsal de la agencia Reuters en la capital venezolana. Renuncié para volver a Chile pensando que habían acabado mis días de periodista viajero.

Para entonces la idea de la novel agencia de noticias estaba muerta. La integración noticiosa se había diluido con las vicisitudes económicas en el continente y, también en cierta medida, como resultado de la intromisión de las autoridades de los diarios miembros del consorcio que querían que trabajáramos para ellos siguiendo sus preferencias políticas.

Los de algunos diarios de tendencia izquierdista, como el Excelsior de México, creían que con nuestra información nos doblegábamos ante las exigencias de la derecha. Los del otro lado del espectro político, como las autoridades de El Mercurio, nos acusaban de izquierdistas. Palos porque bogas, palos porque no bogas.

Una situación como la que sufría cuando viajaba por los países de América Central. Mi pasaporte chileno era mirado con recelo. En algunas partes sospechaban que era un izquierdista que llegaba con la intención de quedarse ilegalmente en el país tras la caída de Allende. Otros quizás creían que podía ser un agente de Pinochet.

Después de la corta estancia en Londres adonde fui enviado desde Caracas había comenzado a escribir noticias principalmente en inglés y se me ofreció regresar una vez más a Buenos Aires.

Pero ya no sería como un periodista internacional o corresponsal extranjero sino que como reportero local, o regional, si quería darle mayor lustre al título.

La diferencia era importante y en aquella agencia de noticias, como en todas las de su género, también regía la norma no escrita de que los locales éramos los indiecitos: Tenía que seguir escribiendo en inglés y también en español.

En otras palabras, la cuestión era trabajar el doble como un angloparlante, pero con un sueldo de indígena latinoamericano, pagado en peligrosos pesos argentinos, no en dólares.

RETORNO FRUSTRADO

En la renuncia a mi posición de corresponsal de la agencia Reuters me había impulsado la idea descerebrada de que en Chile tendría un nuevo futuro. Después de todo era un profesional curtido y sin vinculaciones políticas al que no le costaría trabajar en algún diario o en alguna radioemisora.

Nada de eso. El país estaba lleno de periodistas desempleados y de muchos que trabajaban por un sueldo miserable. Había ingenieros, abogados, profesores y hasta médicos que habían salido del país ante la llegada de la izquierda y después del régimen militar. Hubo muchos que fracasaron en su retorno y habían vuelto a emigrar. Eso no me podía ocurrir a mí.

Pero en Santiago vi decepcionado que lo más probable era que también me convirtiera en un chofer de taxi, en un barredor de calles o un vendedor de enciclopedias, como había ocurrido a miles de profesionales.

Además, cumplía los requisitos de "sobre cualificación" que se usan en todo el mundo para negar empleo. "Eres un periodista de alto nivel, de mucha experiencia internacional…. No te podemos dar este trabajo porque no te podemos pagar lo que mereces….. el siguiente".

Poco antes de salir de Caracas había tomado una prueba de locución para la Voz de América (VOA), el órgano de difusión de noticias al exterior del gobierno de Estados Unidos.

Pese a que era un inexperto en cuestiones de radiodifusión y sólo me había dejado llevar por uno de mis sueños, la prueba no había resultado tan mala.

En una llamada telefónica desde Washington la señora Olga Sanz, entonces subdirectora de la sección de español de la VOA, me sacó de la angustia del desempleo y me comunicó que necesitaban un periodista. Me preguntó cuánto tiempo necesitaba para tomar una decisión.

Le hubiese dicho que sí de inmediato porque no dudaba de que mi esposa se mostraría de acuerdo con la idea y de que prepararía a los niños para el viaje al norte a iniciar una nueva vida.

Así fue. No tardamos en volver a desarmar lo poco que habíamos juntado para nuestro regreso a la patria. No nos cabía en la cabeza que no nos pudiéramos adaptar a vivir en Estados Unidos, sobre todo porque iba a trabajar en mi propio idioma.

EL VIAJE FINAL

Y lo que creí que serían unos pocos años en Estados Unidos se convirtieron en más de 25 en los que agregué una nueva incursión en la agencia Reuters y, después, una década en la agencia española EFE.

La inmersión en el nuevo trabajo en la Voz de América fue un chapuzón sin advertencia ni preparativo. Me pidieron que redactara algunas noticias y que las llevara al estudio donde se transmitía en onda corta para América Latina.

Entregué el boletín al locutor principal quien luego de un examen muy somero indicó uno de los micrófonos y me dijo que leyera las noticias de la hora. No tuve tiempo de sufrir un ataque de pánico escénico. Estaba leyendo para todo el continente. No era una audiencia de unas pocas personas. Eran millones, según me dijeron.

Una experiencia más. Otro sueño realizado. Nunca fui un locutor verdadero ni mi voz fue altisonante ni musical. Pero durante 10 años leí noticias en Washington, grabé reportajes y viajé por el mundo y por Estados Unidos.

Asistí a grandes conferencias en Europa, cumbres de los presidentes de Estados Unidos y de la entonces Unión Soviética, cubrí elecciones en América Latina, convenciones políticas, otro Mundial de Fútbol y una elección presidencial en este país.

En 1990 me trasladé a Bogotá a la elección del presidente César Gaviria y desde Bogotá salté a Lima para informar sobre la de Alberto Fujimori como presidente de Perú a la cabeza de una extraña organización política llamada "Cambio 90".

También llegué a Viena (Austria) para cubrir una conferencia mundial sobre el flagelo de las drogas y estuve en Vancouver (Canadá), con ocasión de una reunión cumbre entre el presidente Bill Clinton y su contraparte rusa, Boris Yeltsin.

Como decíamos entonces, vendíamos democracia, para referirnos al trabajo en la Voz de América, uno de cuyos puntos principales era informar sobre Estados Unidos.

Pero vuelta a las andadas. A los 10 años de trabajar en la VOA la agencia británica Reuters a la cual ya había renunciado en tres ocasiones me llamó una vez más para participar en lo que debía ser su mesa central para América Latina en Miami.

Mi gran aportación, según me dijo mi colega uruguayo Héctor López, era la experiencia recogida durante tantos años como corresponsal y el conocimiento profundo que había recogido en mis recorridos por el continente

También ayudaba mucho esa versatilidad que había mostrado en mis andanzas anteriores en las que había cubierto acontecimientos tan disímiles como un golpe de estado, un terremoto, elecciones presidenciales, un campeonato mundial de fútbol en Argentina, otro de baloncesto en Colombia, otro de béisbol juvenil en Buenos Aires, o los Juegos Panamericanos en Puerto Rico y en Caracas.

Pero ya no me sentía feliz y el trabajo que se me encomendó no era de mi agrado.

En una agencia informativa las estrellas son los periodistas que están junto a la noticia, los que la formulan y la transmiten desde el lugar de los hechos, los que corren de un lugar a otro, los que luchan por la primicia, los que arriesgan la vida. Eso que yo había sido.

Los ogros son los editores que reciben sus materiales, los que desde la comodidad de sus despachos corrigen y se encargan de torturar a las estrellas pidiéndoles aclaraciones, confirmaciones y más detalles. Un ogro. En eso me había convertido.

Nunca supe cumplir el papel de malvado. No me satisfacía sentarme a una mesa a examinar el trabajo de otros. Ni siquiera sabía cómo criticarlos, una labor en la que eran muy hábiles algunos de mis colegas que nunca habían tenido la experiencia de trabajar en el centro de la noticia.

Además la tarea era ingrata. Rehacíamos el trabajo de los corresponsales y cuando esa información se publicaba ellos recibían los elogios. Si había un error, la culpa era nuestra.

Tampoco me gustaba el ambiente laboral ni el de una ciudad hecha para los turistas donde trabajar es una tortura: combatir el tráfico vehicular y el calor terrible de la ciudad y ver cómo los turistas gozan de la vida en la playa o en los centros nocturnos.

Además, pese a haber vivido en al menos un país donde había dictadura militar, nunca pude tragar la omnipresente influencia política que ejerce la comunidad cubana anticastrista en Miami.

El exilio cubano domina todos los segmentos, especialmente el de la información. Están vedados los políticos y los artistas de tendencia izquierdista y si alguno logra pasar su cedazo, los anticastristas organizan manifestaciones en su contra.

Han sido siempre anatema para esa comunidad de Miami artistas que revelaron su inquietud social como la argentina Mercedes Sosa, o el cantautor catalán Joan Manuel Serrat.

Lo que es peor, Serrat había osado poner música a los poemas de Antonio Machado, un declarado partidario de los "rojos" republicanos que habían tenido el poder de España hasta la llegada del franquismo.

Tampoco llegó al público oyente de esa comunidad anticastrista la belleza de la música del nuevo folklore latinoamericano como el del conjunto chileno Inti Illimani. Para los anticastristas todo lo que suene a música autóctona parece tener tendencia izquierdista y por lo tanto lo silencian. Peor todavía si es música andina.

Después de unos años del martirio periodístico de esa agencia volví a renunciar y me fui a ser un simple redactor para una especie de casa editorial dedicada en Miami a la publicación de versiones en español de revistas estadounidenses, entre ellas Newsweek.

El director, un chileno, anunció con gran ampulosidad en el comienzo de la empresa que, sin mencionar a los cubanos, en ella participaría una mayoría de redactores y periodistas de todos los países del continente, sin exclusiones.

A los pocos meses la redacción estaba llena de cubanos que se mantenían vigilantes para frenar cualquier atisbo que pudieran considerar "comunista", un término aplicado libremente a quien manifieste el menor atisbo de simpatías izquierdistas.

Un 11 de septiembre uno de ellos se me acercó para preguntarme si no iba a participar en la celebración de la fecha, es decir la llegada al poder de los militares en Chile. Le respondí con una pregunta: ¿"Cómo puedo celebrar un día en que murieron tantos de mis compatriotas"?

Hasta allí me duró la cuerda. Decidí regresar a Washington.

De aquellos pocos meses de trabajo para revistas de actualidad y científicas y también para la televisión local de Miami tengo escasos recuerdos dignos de mencionar. El trabajo era casi siempre traducir algún artículo, una noticia y editar los trabajos de otros colegas.

Pero la misión más importante y más cálida fue mi encuentro con la venezolana Irene Sáez, quien fue elegida Miss Universo en 1981 y quien, como me ocurría con frecuencia, me dejó bizco con su enorme belleza, sus ojos, su cabello y todo lo demás.

Me recibió en el salón privado de un hotel de lujo de Miami y a solas conversamos no sobre el concurso, recetas de belleza ni cosas tan mundanas como esa. Era entonces alcaldesa de un municipio de Caracas y la conversación giró en torno a sus aspiraciones de llegar a la presidencia de su país, sus planes políticos, sus adversarios.

Lamentablemente o no, sus aspiraciones presidenciales fueron frenadas de manera total por la fuerza que ejercían entonces los dos partidos que se alternaban en el poder en Venezuela: Acción Democrática (AD) y COPEI.

LOS ULTIMOS AÑOS

En mi regreso a la capital estadounidense una vez más fui un periodista afortunado y comprobé que siempre vale la pena tener amigos y de conservar su cariño. La búsqueda de trabajo en la capital estadounidense no duró mucho.

Carlos Bañales, un colega uruguayo que también había participado en la aventura de la agencia de noticias latinoamericana en Santiago y en Buenos Aires, me contó que su hermano Jorge, también compañero en la capital argentina, trabajaba en la agencia española EFE que necesitaba a alguien experimentado, que supiera inglés y que estuviera dispuesto a trabajar en turnos específicos.

Allí en esa agencia de noticias y hasta mi retirada formal me pasé diez años. Haciendo lo mismo que cuando comencé en esta profesión. Escribiendo de lo que ocurriera, de economía, de política, de salud, de ciencia y hasta del mundo de la farándula, y en horario nocturno.

Mis compañeros y compañeras españoles me hicieron la vida fácil, feliz. No era el sueño de un periodista que pudiera considerarse experimentado, pero me gustaba quedarme solo en la oficina durante la noche para escribir lo que considerara de interés externo.

Tuve pocas oportunidades de viajar y cubrir acontecimientos importantes durante aquellos tiempos. Quisiera pensar que se debía a que realizaba funciones a una hora para las cuales era difícil asignar a otra persona o porque se confiaba en mi trabajo solitario y en mi experiencia.

Pero EFE no era la excepción y allí también existía la cultura de las agencias de noticias que asignan a sus nacionales, esta vez españoles, las noticias de mayor relevancia: las derivadas de la Casa Blanca, del Departamento de Estado, de los organismos internacionales o la visita de un dignatario de alto nivel.

Para los indiecitos latinoamericanos, generalmente quedaban las de menor envergadura. Las más relevantes eran las visitas de presidentes de la región, las sesiones interminables de algún organismo regional o algún desastre natural con el que nadie más quería ensuciarse las manos.

La situación en EFE era como en los tiempos de la colonia: la aristocracia eran los españoles enviados de la Madre Patria, los conquistadores o los de "plantilla"; después venían los criollos, es decir los españoles contratados localmente y, por último, estábamos los indiecitos latinoamericanos a quienes se les daban las sobras o simplemente nos quedábamos mirando.

Cuando los indiecitos sí teníamos la posibilidad de viajar era para cubrir acontecimientos inciertos como la partida de los transbordadores espaciales que siempre se postergaban por el mal tiempo o las fallas mecánicas, un terremoto, o algún otro desastre como el provocado por el huracán Katrina.

La excepción para mí fue la primera elección de la presidenta Michelle Bachelet en Chile. Por iniciativa propia solicité ayudar en la cobertura de la noticia y viajé pagando el pasaje de mi bolsillo. Consideré que, como chileno, tenía que presenciar ese nuevo avance de la democracia en nuestro país.

No debería quejarme. Siempre di a conocer a los cuatro vientos que ya no me interesaba mucho viajar. La experiencia del corresponsal ya la había disfrutado y sufrido muchas veces; y la paz de trabajar solo y de noche era lo mejor que me podía ocurrir.

Fueron años felices los que pasé en EFE. Tuve la suerte de dedicar mis esfuerzos periodísticos a lo que más me gustaba y dejar de lado, un poco, la información económica y política de la cual nunca había sido muy entusiasta.

Mis temas eran los de salud y, especialmente, todo aquello relacionado con la exploración espacial y la astronomía. ¡Cuánto gozaba al presenciar en el televisor la partida de los transbordadores hacia la Estación Espacial Internacional, saber de los descubrimientos de agua en Marte, de los asteroides, de las investigaciones sobre nuevas medicinas, la antropología y hasta la informática!

Como contraste, también me hice experto en el tema de la pena de muerte en Estados Unidos y sobre la controversia mundial que ha provocado en el mundo la aplicación del castigo en este país.

Se habían acabado para mí las peripecias de los golpes de estado, las revoluciones, las masacres de campesinos, los desastres naturales, y hasta los deportes que nunca estuvieron en la competencia de aquella oficina de EFE en Washington.

Con el pasar de los años y aislado del contacto profesional en esa oficina de españoles fui poco a poco perdiendo amigos y colegas en la ciudad. Muchos se retiraron, otros volvieron a sus países, otros murieron. Al final del tiempo terminé siendo un desconocido.

En la noche de esas oficinas en el Edificio Nacional de la Prensa, a pocas cuadras de la Casa Blanca, vi pasar los últimos años de mi profesión, agradecido de quienes me dieron la oportunidad de despedirme de ella de esa forma.

Me queda en el corazón el cariño de mis colegas españoles, su solidaridad; la del español Paco González y la del uruguayo Jorge Bañales, el compañero en los primeros años de Latin-Reuter en Buenos Aires; la de mi amiga suiza Celine Aemisegger, la de María Peña, una típica hispana de Estados Unidos de origen nicaragüense que sufría porque, después de todo, ella era otro de los indiecitos.

A fin de cuentas y a pesar de todas las críticas que heredé de mi padre, estoy agradecido a los españoles.

Les recuerdo con cariño, especialmente a ese refugiado de la guerra civil que condujo mis primeros pasos por los vericuetos del periodismo y me dio la oportunidad de subsistir y de continuar mis estudios universitarios.

Además de mis colegas españolas en la oficina de EFE en Washington agradezco a aquellos amigos que me recibieron con los brazos abiertos y me llevaron de la mano a conocer el encanto de Madrid, las corridas de toros en Las Ventas, las casas centenarias de Patones de Arriba, el encanto de Toledo y Segovia y la belleza de Andalucía y del norte del país.

Y por si fuera poco, sabiendo que soy un fanático del fútbol y del tenis, esos amigos españoles realizaron mis sueños pequeños de ver un partido de fútbol en el Santiago Bernabeu, de llegar al Nou Camp de Barcelona, y presenciar el tenis al más alto nivel en la Caja Mágica (Madrid), en Roland Garros (París) y en Wimbledon (Londres).

En todo este recorrido de 50 años hubo decepciones, fracasos, errores, disgustos y tropiezos. He olvidado los nombres de mis amores no correspondidos, de los que me hicieron alguna zancadilla o de los que criticaron mi improvisación periodística. No les guardo rencor.

Tal vez haya sido uno de los últimos profesionales que encarnó la visión romántica del corresponsal extranjero: como la de aquel alemán que me hizo ver lo hermoso de este trabajo.

Viajar, hablar con gentes de cualquier nivel social o profesional, ver los lugares más hermosos y los más extraños, ser testigo de la miseria del mundo y de los odios políticos, de grandes acontecimientos y de enormes desastres.

El corresponsal extranjero es hoy cosa del pasado, una reliquia. Ese periodista sentado ante una máquina de escribir echando humo de una pipa o de un cigarrillo casi no existe.

Ha sido sustituido por una especie de autómata frente a una computadora en la que edita las imágenes que el mismo ha captado con su cámara de vídeo, pone lecturas a las fotografías y las transmite a través de internet.

El "media reporter", como le llaman, también escribe la noticia y se encarga de insertarla en la "web" con todos sus aderezos y no puede siquiera fumar porque lo tienen prohibido en todas partes.

Hasta hace unas décadas el enviado especial a cubrir golpes de estado, revoluciones, terremotos y otros desastres naturales no solo tenía que luchar denodadamente para conseguir la información.

También debía emprender la tarea de encontrar el lugar desde donde transmitirla….un teléfono, un servicio de cablegramas, un avión para llevar su texto, lo que fuera.

"¿De qué sirve tener la gran noticia si no tienes con qué darla a conocer?" me dijo una vez el periodista uruguayo Enrique Jara, quien me dio desinteresadamente los primeros consejos para enfrentar la tarea del periodista en el extranjero.

También era la primera pregunta que debíamos responder los que comenzábamos en la profesión después de oír la repetida historia del barón Julius Reuters que utilizaba palomas mensajeras para anticiparse a la competencia en la transmisión de noticias bursátiles.

Ese mandamiento de los corresponsales extranjeros me producía pesadillas. Conseguir una gran noticia y no tener el medio de transmitirla.

El terrible sueño se hizo realidad el 11 de septiembre de 2001 cuando Estados Unidos sufrió el peor ataque terrorista de su historia.

Estaba en casa esa mañana. Mi esposa me llamó por teléfono desde su trabajo para decirme que en la televisión estaban informando de que dos aviones habían sido estrellados contra las Torres Gemelas del World Trade Center, en Nueva York.

Después supe que otro avión había caído sobre el Pentágono y que un cuarto se había precipitado sobre un campo abierto en el vecino estado de Pensilvania.

No me correspondía trabajar aquel día, pero en una emergencia había que acudir a la oficina como los bomberos a un incendio. Me subí a mi coche y partí hacia la oficina a sólo dos cuadras de la Casa Blanca.

Tenía que pasar por la autopista que está a pocos metros de la enorme mole del Pentágono, el edificio de oficinas que, según afirman, es el más grande del mundo. El caos reinaba no sólo en Washington sino en todo el país. Estados Unidos era atacado por el terrorismo.

La autopista fue bloqueada en momentos en que yo me acercaba a la ciudad. Quedé encerrado en el mayor tumulto de vehículos que haya visto en mi vida. Era imposible avanzar o volver a casa. Solo podía mirar la columna de humo que se elevaba desde el punto en el Pentágono donde los terroristas habían estrellado el avión de American Airlines.

Sin otra cosa que hacer descendí del vehículo para conversar con otros conductores angustiados. Algunos tenían parientes que trabajaban en el Pentágono, otros con amigos en el World Trade Center, en Nueva York. Se preguntaban qué otra cosa podía ocurrir ¿una bomba en la Casa Blanca?

Pasaron y pasaron las horas sin que pudiera moverme del vehículo o caminar hasta la oficina. Tenía en mis manos todas las historias del drama que vivían aquellas personas que no podían ir a ninguna parte, ahogadas por un mar de automóviles… Y no tenía cómo transmitirlas.

Ha pasado mucho tiempo de ese incidente y las comunicaciones han tenido un enorme avance. El problema no se podría plantear ahora. Los teléfonos celulares o móviles tienen lo que se necesita para informar desde cualquier punto del globo. Todo el mundo los usa y, aunque sí existían en el 2001, constituían una herramienta de lujo que pocos podían tener. Además su alcance era limitado y, en ocasiones, ni siquiera funcionaban en un recinto cerrado.

Con el progreso de la comunicación satelital los nuevos teléfonos portátiles no solo transmiten texto sino también fotografías y hasta vídeos….desde el medio del océano, el desierto, o desde los parajes gélidos de la Antártida o del Polo Norte.

Por otra parte, la llamada globalización también conspira contra la existencia del corresponsal extranjero. La exclusividad de la noticia que ha conseguido muere a los pocos segundos de aparecer en el diario o en los sitios de vídeos de internet. Se la apropian los otros medios sin ningún pudor.

Ni siquiera hacen algún cambio o las reformulan. La consigna es dejar a los pseudo periodistas que se encargan muy bien instalados en sus oficinas de esa tarea que es la del "corta y pega" (cut and paste).

El material que el reportero ha conseguido, en muchos casos arriesgando la vida, es pirateado sin asco y aparece en los sitios de internet de los medios de información hasta con los errores gramaticales y de ortografía originales.

Con la piratería que hacen de las grandes publicaciones, de las cadenas mundiales de televisión, de internet y con los comunicados de prensa digeridos convenientemente para su publicación, los editores de los diarios de segundo nivel no tienen necesidad de corresponsales extranjeros.

La desaparición del corresponsal todavía no ha sido total. Quedan algunos sobrevivientes en las principales capitales del mundo y son asignados por los principales medios de información, diarios y cadenas de televisión.

Aun así y como resultado, la profesión del periodista en general se ha devaluado tanto que las autoridades de los diarios y otros medios pagan con mendrugos por una colaboración y hasta algunos quieren material noticioso gratuito y, como gran premio, ofrecen el "honor" de publicarla.

Aducen que la culpable de que carezcan de fondos para pagar trabajos de corresponsales extranjeros es la crisis económica que nunca termina, que ha reducido la publicidad, que de todas maneras aparece en el ejemplar de papel y también en sus sitios de internet.

No recuerdo que me hayan ofrecido aumentarme el sueldo cuando no existía esa crisis y me agazapaba detrás de un muro para no ser blanco de los balazos que intercambiaban soldados y guerrilleros en El Salvador, cuando creí que mi vida corría peligro en Surinam, o cuando los periodistas podían caer víctimas de extremistas o militares en Argentina o en Chile.

Tampoco sé si le habían aumentado el sueldo a ese colega estadounidense que era enviado especial en El Salvador y que en una ocasión siguió a un grupo de niños que lo llevaban para una entrevista con los miembros del Frente Farabundo Martí. El estallido de una mina terrestre le destrozó una pierna.

El asunto adquirió tonos de escándalo en España cuando hace unos meses una periodista reveló que sin pudor una empresa periodística de internet había ofrecido pagarle 0,75 euros (alrededor de un dólar) por nota.

La empresa española se deshizo en explicaciones y las basó en su "piadosa" intención de ayudar en el desarrollo del periodista.

"...existe una clara pretensión de establecer una relación a largo plazo con un trabajador del que esperamos lo mejor y al que le proporcionamos nuestra confianza plena para que se desarrolle plenamente", dijo la empresa sin el mayor atisbo de vergüenza ni el menor respeto por el sacrificio, los estudios y la experiencia del profesional.

El surgimiento del "media reporter", la crisis económica, y la devaluación del periodista y los años me llevaron a la jubilación a pesar de que todavía vibro con las noticias, me emociona la partida de una nave al espacio, me dejo llevar por la evolución de los resultados en una elección presidencial o me entusiasman los avances de la ciencia y los resultados deportivos.

Es que no sé otra cosa que escribir noticias y como todos los viejos mañosos a los que agobia el apretar más de tres botones de forma secuencial me negué a meterme en los entresijos de la cibernética para aprender como niño los misterios de internet y realizar el trabajo que antes hacían al menos tres personas para recibir el sueldo devaluado de una.

En el retiro feliz pensé que podría complementar la escasa pensión con algunos trabajos de traducción para los organismos internacionales de Washington.

Nada, nada. La crisis en el oficio de la traducción tiene características similares a la del periodismo: globalización, el avance informático, la debacle económica.

En esta globalización el sistema para los trabajos de traducción es similar al que utilizan las grandes empresas para atender a sus clientes y que, más importante todavía, les sirve para ahorrar millones de dólares.

Cuando uno hace lo que piensa que es una llamada local para quejarse o pedir una aclaración para el funcionamiento de un producto recién adquirido, le responde alguien muy servicial pero con un acento extraño.

Es un empleado contratado en la India, en Pakistán, Panamá, las Filipinas, al otro lado del mundo, al que se le paga muy poco y ni siquiera se hace merecedor de horas extras o nocturnas cuando atiende las inquietudes de los clientes en Estados Unidos, por ejemplo.

En el caso de las traducciones al español los organismos y empresas envían los textos por internet a países donde las tarifas de los traductores sean las más bajas: Argentina, Chile, Bolivia y hasta España.

Además hay ahora aplicaciones informáticas que están cumpliendo las tareas del traductor. Tienen muchos errores de los cuales se encarga de eliminar un empleado al que se da el título de "revisor" porque si le aplican el de editor tienen que pagarle más.

Con todo esto los diarios informativos impresos en papel van muriendo poco a poco. ¿A quién puede interesarle leer una noticia dos días después de que ha ocurrido? Los portales de internet la han dado a conocer a los pocos minutos de suceder. Los canales de televisión y las radioemisoras se hacen eco de ellas a las pocas horas.

Lo peor es que en las redes sociales, en los sitios de los diarios en internet, en los canales de televisión y en las radioemisoras el tema es tratado con la máxima rapidez y superficialidad. Nada de antecedentes, explicaciones ni análisis.

Hay programas en radio y televisión y revistas que tratan de explicar los acontecimientos pero son pocos los que pueden dedicar mucho tiempo a los análisis sesudos de quienes dicen conocer el problema al dedillo.

Eso es si están verdaderamente interesados y si están dispuestos a dedicarles su atención durante los domingos por la mañana, la peor hora de audiencia.

Así es que ante esta situación lo mejor ha sido darme una tregua total, la última pausa para dedicarme a conocer más a mis amigos y colegas, a jugar tenis, al ajedrez, ver el fútbol, conversar más con mis hijos y jugar con mis nietos.

Y a escribir acerca de lo que me dé la gana, sin urgencias, sin competir con nadie y sin la humillación de recibir una limosna como compensación por el esfuerzo.

ESA SUERTE

Fui un elegido. En Estados Unidos hay más de 40 millones de hispanos. Alrededor de un tercio han burlado la vigilancia anti inmigrante y sobreviven en el país sin documentos, temerosos de que las autoridades los sorprendan y ordenen su deportación.

Otros millones más ansían la oportunidad de llegar a este país, igual que los que cruzan fronteras para residir aunque sea ilegalmente en los de la Unión Europea, los que provienen de los confines orientales del continente europeo, del norte de Africa o de Asia.

No tuve que cruzar desiertos ni arriesgar la vida en una frágil embarcación. Traído por el gobierno de Estados Unidos con toda mi familia, el permiso de trabajo en el país me fue otorgado sin problemas. Lo mismo ocurrió con la residencia y con la naturalización a los pocos años.

Además, comencé a disfrutar de una estabilidad económica que no existía en América Latina, libertad absoluta, intelectual y política, y hasta he sido reconocido como un profesional serio, nada extraordinario, más bien mediocre pero confiable.

Me asimilé con ciertas dudas al principio y con toda mi energía después, cuando comprobé que mucho de lo bueno que se dice de este país es absolutamente cierto, así como también lo es mucho de lo malo.

Habíamos vivido en Argentina, México y Venezuela después de salir de Chile y en todos esos países sufrimos el descalabro de la paridad cambiaria y los intensos vaivenes de sus economías.

Esto se manifestaba sobre todo en la pérdida del valor adquisitivo de sus monedas que se devaluaban con tanta rapidez que el sueldo había que gastarlo de inmediato o resignarse a llenar los bolsillos de billetes que cada día podían comprar menos.

Eran tales el caos monetario y la inflación que el gobierno de turno en Argentina resolvió el problema sacando ceros a sus números y así, de un día para otro, un peso nuevo equivalía a 100 de los antiguos. Lo mismo había ocurrido en Chile que tenía pesos, después escudos y luego pesos otra vez.

Venezuela, un país donde el petróleo se había convertido en un pilar de su economía, vivía días de apogeo con una moneda que era más apreciada que el dólar y los venezolanos salían del país para comprar cualquier cosa porque todo les parecía regalado…."tá barato, dame dos", decían en Miami.

Pero la sangría de dólares vació los cofres de ese país que tuvo que acudir también a la devaluación con el consiguiente proceso inflacionario que acabó con los viajes de los dispendiosos venezolanos.

Con algunas diferencias, pero con los mismos resultados, la situación se repitió en México que, aunque también gozaba del maná petrolero, vio desatarse la inflación.

No había presupuesto mensual que aguantara. El chileno, el argentino, el mexicano o el venezolano quedaron sometidos a vivir día a día sin capacidad de ahorro y menos de planificar el futuro.

Tampoco me voy a quejar demasiado. Hubo un tiempo en Argentina que me pagaban en dólares y como el peso se devaluaba nos dábamos lujos que se habían hecho imposibles para los argentinos que ganaban en moneda local.

Pero eso no duró mucho. Los siempre avezados gerentes de nuestra empresa advirtieron la situación y acudieron a la legislación local para avisarnos que ésta prohibía el pago de sueldos en moneda extranjera.

Y llegamos a Estados Unidos donde un dólar valía un dólar con el cual uno podía tomarse un café hoy y también al mes siguiente. ¡Gran novedad para nosotros que habíamos vivido más de una década agobiados por la incertidumbre monetaria y la inflación!

Fue la primera vez que pudimos planificar los gastos mensuales y alcanzar los objetivos y hacerlo al mes siguiente sin alteraciones. No es poca cosa cuando se trata de una familia extranjera y recién llegada, sin amigos ni familiares que pueden acudir a ayudar en caso de emergencias financieras.

Tampoco Estados Unidos es el paraíso. Como ocurre en casi todos los países aquí también la obsolescencia programada del consumismo va arrollando poco a poco y con más crueldad.

Uno se endeuda para comprar un automóvil pagado con cómodas cuotas mensuales y al par de años el costo de las reparaciones es superior al monto de esas cuotas.

No queda otra opción que cambiarlo por otro nuevo y así va pasando con todas las cosas: el televisor, el teléfono celular que tiene más aplicaciones y otros aparatos electrónicos con más y más funciones. Uno se convierte en el esclavo que tiene que romperse el lomo trabajando para estar al día. Todo es nuevo ¡pero cuánto cuesta!

El consumo, viga maestra de la economía estadounidense, permite a los comerciantes darse el lujo de la buena fe, la creencia de que el cliente obra con honestidad porque sabe que éste volverá a su negocio.

Esa buena fe es una característica novedosa advertida y aprovechada de inmediato por muchos de los que llegan al país, especialmente desde América Latina donde reina la desconfianza y una vez comprado algo es imposible devolverlo.

Un camarógrafo que llegó casi junto con nosotros a Estados Unidos comenzó a ganarse la vida gracias a la idea de que siempre se obra con honestidad en este país.

Usó por un tiempo su tarjeta de crédito con la que "compró" una cámara que usaba durante el fin de semana para filmar bodas, bautizos y otras ceremonias y le permitía subsistir.

Al lunes siguiente volvía al comercio, devolvía el aparato y solicitaba que se le hiciera el crédito correspondiente en su tarjeta. Siempre había una excusa técnica para justificar la devolución.

Repitió la operación hasta que reunió el dinero suficiente para comprar la cámara "en serio". Hoy es un respetable inmigrante que vive de su jubilación después de más de 20 años de trabajo en uno de los canales de la televisión local. Tiene crédito en el mismo comercio donde ahora sí compra los televisores, teléfonos y cámaras que usan los miembros de la familia.

Como en todo el mundo en este país hay ciudades con sectores tenebrosos y pobres en los que no se puede ingresar de noche para ser asaltado de manera impune. También en los centros comerciales hay ladrones y la corrupción no es sólo una lacra de los países más pobres.

Pero también uno puede caminar tranquilo por una calle desierta, olvidar algo de valor en algún comercio y volver a encontrarlo, dejar el coche abierto durante todo un día con la casi certeza de que no perderá nada. Puede saludar a un desconocido con una sonrisa y saber que esa persona no tendrá problemas en responder de la misma forma.

La libertad política es absoluta. Los militares no intervienen y uno puede creer lo que se le plazca mientras no signifique perjudicar a nadie. Si declara ser comunista lo miran con algún recelo pero no lo envían a la cárcel, lo hacen desaparecer o lo matan con impunidad.

Lo mismo ocurre con los credos religiosos cuyos representantes, y sus iglesias, están libres del sino ineludible de los impuestos que persigue hasta la tumba a todos los estadounidenses.

Por eso las iglesias aparecen como setas en un bosque y su número es mucho mayor que el de las escuelas. Debe ser un negocio muy lucrativo y los estadounidenses, siendo tan religiosos, también son muy respetuosos de la libre empresa.

Los ciudadanos de este país tienen un gran respeto por las leyes y las acatan con gran celo aunque bordeen o superen la estupidez. Muchos las violan y ni siquiera se dan cuenta.

Por ejemplo, en algunas partes es ilegal bajarse de un avión mientras el aparato esté en vuelo o está prohibido usar botas de vaquero si la persona no tiene por lo menos dos vacas.

En Alabama es ilegal lucir bigotes en una iglesia si el adorno facial produce la risa de los feligreses y en Arkansas, legalmente, el marido puede golpear a su mujer....pero solo una vez al mes.

La discriminación racial, sexual y de edad está vedada por ley pero siempre existen explicaciones plausibles para que a cualquier persona le den con la puerta en las narices: tal vez el color de la piel no concuerde con la política general de la empresa, o sus modales delicados no sean del agrado de los jefes y de sus compañeros, o los años no coincidan con el tono juvenil que quieren dar a la institución.

Además, existe la discriminación al revés. En algunos casos una persona no puede aprovechar un programa social porque no pertenece a una minoría étnica. Hay empresas y proyectos dirigidos por negros (les dicen afro-americanos para no herir su susceptibilidad) que miran con malos ojos a los blancos.

Los gays forman sus propios grupos y limitan el acceso de alguien "straight" que se interese en sus actividades y lo mismo hacen los de origen asiático que desconfían de negros, anglosajones e hispanos los cuales han formado sus propios "ghettos" y se hacen cada día más fuertes convertidos desde hace unos años en la mayor minoría del país.

Los estadounidenses se casan y descasan con frecuencia porque el divorcio es un derecho y no tiene nada de raro que los cónyuges sean materia de colección cuando existe "incompatibilidad" de caracteres, una manera elegante de decir que el amor se ha terminado y cada uno anda por su propio lado después de haberse hecho imposible la convivencia.

También están lejos todavía en el asunto del aborto que es permitido con mucha controversia y limitaciones en algunos estados, pese a la oposición de quienes hacen manifestaciones frente a las clínicas de "planificación familiar" y hasta matan a los médicos abortistas en defensa del derecho a la vida.

La palabra eutanasia provoca pavor y por ello no tienen futuro los médicos que quisieran participar en el suicidio asistido por razones humanitarias, para evitar el sufrimiento de un paciente desahuciado. Pero sí se continúa aplicando la pena de muerte aunque con una inyección indolora para que el condenado no sufra.

En ese puritanismo reina la hipocresía política y pobre del candidato a la presidencia que haya tenido amores fuera del matrimonio porque la condena es unánime y se ve obligado a "suspender" sus aspiraciones.

Los presidentes tienen prohibida por ley una segunda reelección y una vez abandonado el cargo de manera permanente son objeto de idolatría especialmente si han mantenido su pureza conyugal. Que hayan metido al país en guerras en las que han muerto miles de estadounidenses es harina de otro costal.

La democracia en este país es perfecta, casi. Y los estadounidenses la tratan de imponer en otros países de tendencia izquierdista, pero hacen la vista gorda cuando se trata de regímenes de derecha o controlados por o dinastías que se doblegan a sus intereses económicos.

El mandamiento político es que los ganadores de una elección gobiernan con el consentimiento de la mayoría. Pero, como la elección presidencial es indirecta, en 2000 el control de la Casa Blanca quedó en manos de un candidato (George W. Bush) que perdió en el escrutinio del voto popular, y sólo después de un controvertido recuento de votos en Florida.

Sea del color que sea, político o racial, el presidente llega a la Casa Blanca con todas las de la ley. Los del otro partido dicen respetar el veredicto de las urnas, pero apenas concluye la investidura en las escalinatas del Congreso comienzan a sabotear los proyectos que el ganador planteó durante la campaña y que, supuestamente, contaron con el respaldo mayoritario de los electores.

La democracia de Estados Unidos no es perfecta, pero sin duda es mejor que una tiranía derechista o un régimen autoritario izquierdista, o la anarquía.

No es el paraíso. Pero nadie se muere de hambre, tiene la educación asegurada hasta la universidad y tendrá tratamiento médico cuando lo necesite aunque quede endeudado para el resto de su vida.

Si. Tuve mucha suerte. De principio a fin. Fui feliz en mi infancia, he tenido buenos amigos en cada una de las etapas de mi vida. Logré una buena educación. Nunca sufrí aprietos económicos. Ejercí el periodismo que yo quería. Hasta fui locutor como lo había soñado.

ESCEPTICISMO E INDOLENCIA

Compré mi primer automóvil en Buenos Aires a los pocos meses de llegar a lo que sería la primera escala de mi peregrinaje profesional. Era un Renault 4, un coche pequeño, blanco, cuadrado y con la palanca de cambios junto al volante.

Pagué la primera cuota y lo fui a buscar en la concesionaria. Ni siquiera tenía licencia de conducir y llevarlo a casa fue una odisea. Ese mismo día rendí el examen correspondiente y pasé a ser un conductor con todas las de la ley.

No pasaron 24 horas y partimos mi esposa y mis dos hijos de pañales en el flamante vehículo a pasar las vacaciones de verano en Chile. Cruzamos el territorio argentino y nos lanzamos a la conquista de la Cordillera de los Andes, hacia el ascenso por sus laderas interminables, las rutas de hielo y tierra, la soledad.

La llegada a Chile fue agridulce: abrazos, besos, bienvenidas y regaños por todas partes: ¡"Qué irresponsabilidad! ¿Cómo es posible que hayan puesto en peligro sus vidas de esta forma? ¿No les dio miedo cruzar la cordillera? Si ni siquiera tienen un mínimo conocimiento de mecánica".

De vuelta en Buenos Aires, la tonada fue similar. Mis amigos y colegas movían la cabeza sin creer que nos hubiésemos arriesgado de esa forma. "Ustedes están locos, ché".

No es que hayamos sido valientes ni atrevidos. Tampoco nos creíamos invulnerables. Ni siquiera nos detuvimos a considerar los peligros, las incertidumbres, lo que pudiera afectar a nuestros niños o a nosotros.

Además todo el mundo exageraba ante lo desconocido. La montaña era un monstruo que habíamos podido domesticar. Habíamos ascendido al Cristo Redentor montados en nuestro pequeño vehículo y aunque estaba a unos 4.000 metros de altura sobre el nivel del mar no nos había parecido nada extraordinario.

Las curvas, el lento ascenso hasta coronar las cimas, el descenso apacible y silencioso, la tranquilidad del éxito, del objetivo conseguido.

Un poco como mi vida. Así fue siempre. La indolencia, la irresponsabilidad y la ceguera frente a lo incierto nunca dejaron de jugar a nuestro favor, de conducirnos por caminos seguros, sin problemas, sin drama.

Ocurrió por primera vez cuando mi amigo y colega Enrique Jara me planteó la posibilidad de salir del país para trabajar en Buenos Aires, cuando en Santiago tenía mi hogar formado, un hijo muy pequeño y otro por nacer.

Le informé a María Teresa que trabajaría como redactor de la mesa central de la agencia Reuters en la capital argentina, que tendría un buen salario y que me pagarían un apartamento amoblado. Antes de partir debíamos deshacer lo que tanto nos había costado juntar.

Se sentó, acomodó la panza de seis meses y me preguntó cuándo teníamos que estar en Buenos Aires. Le dije que debía ser en dos semanas.

"Entonces comencemos a preparar el viaje. Tenemos que vender el refrigerador, la lavadora, los muebles y las camas. Lo demás lo regalaremos", señaló.

No planteó dudas de ningún tipo. No vio obstáculos ni incertidumbre. Ni siquiera manifestó inquietud por el inminente nacimiento de lo que sería mi hija: "allá veremos", dijo.

No se le pasó por la mente el alejamiento de su familia, de sus cuatro hermanas, de sus sobrinos, de los amigos que íbamos a dejar, del trabajo que yo tenía seguro en Santiago, y no hizo caso de las advertencias agoreras.

Dos años y medio en Buenos Aires y oferta de traslado a México. Otra vez lo mismo: "¿Cuándo nos vamos?" Y otra vez a juntar lo poco que teníamos y partir con los dos hijos.

La historia se repitió casi sin cambios en nuestro regreso a Buenos Aires, en la otra misión en México, en el nuevo traslado a Buenos Aires, en la misión posterior en Venezuela, y en la parada final en Estados Unidos.

Muchos nos han dicho que hemos sido indolentes, irresponsables y hasta egoístas porque no nos detuvimos por un momento a considerar las dificultades, los obstáculos, el futuro de nuestros hijos.

Tal vez la indolencia, la irresponsabilidad y hasta el egoísmo sean defectos para cualquier otra persona. En nuestro caso si no hubiera sido por esos "defectos" quizás todavía estaríamos en Chile y no habríamos logrado la felicidad de la que hoy disfrutamos.

Mi escepticismo comenzó en mis primeros años cuando salí al patio del conventillo donde vivíamos en Santiago. Era Nochebuena y quería ver por dónde llegaba el Viejo Pascuero (así llamamos en Chile a Santa Claus o Papá Noel).

Me habían asegurado que traía regalos para todos los niños, especialmente para los que se habían portado bien y habían recibido buenas calificaciones en la escuela.

Me pasé la noche en vela y al día siguiente mis amigos salieron a la calle a hacer gala de los juguetes que les había traído el Viejo Pascuero. Algunos tenían una pelota de fútbol reluciente; otros estaban orgullosos de sus pistolas, de sus nuevos lápices de colorear, de su nueva bicicleta.

No me explicaba por dónde el señor ese que transpira bajo su traje invernal rojo había ingresado a sus hogares y por qué no había llegado a mi casa. Me había portado lo mejor que hubiese podido; mis notas eran sobresalientes. ¿Qué más podía hacer?

Los amigos más grandes me explicaron que todo era una farsa, que ese viejo guatón y sudoroso, que conducía por el cielo un carruaje sin ruedas ni alas tirado por animales que no eran caballos, era una mentira.

A partir de entonces no creí las historias que me contaban los mayores, ni siquiera a mi madre que me explicaba que la vida de cada uno de nosotros estaba marcada por el destino, que algunos habían nacido con un pan bajo el brazo y otros tenían que resignarse a masticar un mendrugo.

Me decía que Dios lo había querido así y que debíamos aceptarlo sin hacer preguntas, sin poner en duda sus designios. Me aconsejaba escuchar con atención a los curas de la iglesia que realizaban buenas obras y que tenían consejos piadosos para que aceptara lo que era mi vida.

Además, debía hacer la Primera Comunión, la confirmación y confesar la lista siempre larga de mis pecados. Corría el peligro de que si me negaba no podría conducir a mis propios hijos por el camino de la fe cristiana y terminaríamos, ellos y yo, en el infierno.

Pero ya tenía consciencia de las incongruencias de la vida y no me explicaba por qué la iglesia era un palacio de ostentosa riqueza, de bancas pulidas y barnizadas, de cuadros artísticos, enormes lámparas, mármoles y pisos de losetas relucientes, mientras al otro lado de la calle veía niños mocosos desfallecientes de hambre y pidiendo una limosna.

Entre persignaciones los fieles recibían la comunión con cara de humildad que me parecía la resignación de quien está junto al cadalso y los sacerdotes, muy pulcros y bien alimentados, hablaban desde el púlpito sobre la bendición de la pobreza antes de que sus acólitos pasaran el platillo para recibir la contribución monetaria de la humilde feligresía a la Santa Iglesia.

Los curas predicaban la moralidad y hacían caso omiso de las denuncias sobre sus barbaridades sexuales; advertían sobre la corrupción moral de un humilde teatro de revistas y se les sorprendía gozando camuflados del espectáculo; fulminaban la práctica del aborto, el suicidio y el divorcio y bendecían el voto de pobreza mientras la Santa Sede en el Vaticano era acusada de maniobras bancarias, hacía oídos sordos ante los crímenes de los nazis en Alemania, de la pederastia de sus representantes, o se inclinaba ante los dictámenes de las dictaduras.

Y si la Iglesia Católica era la dueña de la verdad espiritual, ¿por qué había otras confesiones religiosas que afirmaban lo mismo? Todas dicen tener la razón absoluta, pero al examinarlas están llenas de contradicciones.

De allí partió mi escepticismo no sólo religioso sino político, a lo cual también siempre contribuyó mi propia incultura en esos temas.

Desde la universidad me tentaron los comunistas, los de la derecha y los de la Democracia Cristiana. Hasta me invitaron a sus filas los masones aquí en Estados Unidos. En todos los casos estaba de acuerdo en algunos temas y discrepaba profundamente en otros.

Tengo algunos principios básicos como los de la salud y la educación gratuitas que deben ser la obligación de cualquier sociedad, la distribución justa de la riqueza, el fin de la explotación, la libertad absoluta del ser humano en cuestiones políticas y sociales. Nada muy profundo, algo simple en que la mayoría está de acuerdo.

Algunas de mis ideas podían ser anatema para los izquierdistas; y otras un despropósito para los de la derecha. Eso de creer que el aborto y el divorcio podían ser opciones para una pareja no caía muy bien entre los demócratas cristianos.

Me negué a renunciar a mis principios. Me quedé sin afiliación religiosa o política, como un indefinido que dice llamarse agnóstico o independiente, aunque algunos hasta me han dicho que es igual a ser oportunista.

Indolencia y escepticismo. No me importa. En este país puedo seguir los pasos de cualquier religión, discrepar en todos los temas políticos y, sobre todo, vivir de acuerdo con mis propios principios, sin que nadie se ofenda.

MI RETRATO

Frente a mí hay un hombre de cabello casi blanco y calvicie incipiente, con arrugas y ojeras. Ha perdido la majestuosidad de los años jóvenes, se ha encogido y sus músculos ya no son fuertes.

Pequeño, moreno, ojos marrones y una mezcla de rasgos indígenas, españoles y árabes. Nada espectacular. Como para pasar desapercibido entre la muchedumbre.

Pero aun con esa imagen que me devuelve el espejo conquisté la felicidad, me realicé como persona, llevé adelante mi familia. No me estoy jactando. Lo proclamo con humildad.

Nadie tiene la receta de la felicidad. La vida de cada persona es fruto de sus circunstancias, según dijo un connotado filósofo y escritor. La dicha no es un estado, es algo de momentos que, en mi caso, son los más numerosos.

Los ingredientes están en la historia de mi vida. Desde mis primeros pasos, las andanzas de mi infancia, las penas de adolescencia y los afanes de mi trabajo.

Ese espejo no muestra la dicha que llevo dentro, las ganas de vivir que aún tengo, de viajar por el mundo, de admirar la belleza y las de seguir amando a mi mujer, a mis hijos, mis nietos y añorar un abrazo con los amigos.

Me siento feliz porque puedo dudar de lo que me dice ese espejo y porque me puedo dar el lujo de ser desordenado, extravagante, ocioso, despistado, de caminar lento y detenerme a oler el aire y las flores de la primavera, o disfrutar del frío de una nieve que se aproxima.

Tampoco me preocupa lo que piensen los demás. Me visto bien cuando quiero. No me inquietan las convenciones de la moda, la camisa blanca, la corbata o el lustre de mis zapatos.

Me acuerdo de las cosas importantes y de los enemigos solo recuerdo incidentes que me sirvieron para mejorar; pienso en los amores idos, las bromas infantiles y sonrío ante las penas de la adolescencia.

Si alguien discrepa conmigo, no me importa. Voy por la vida sin lamentaciones ni rencores. Me miro en el espejo tal como soy y agradezco que pueda hacerlo.

Sería fácil decir que si volviera a vivir no cambiaría nada, sin arrepentimientos; que estoy orgulloso de todo lo que hice, que volvería sobre mis pasos para encontrarme con otra vida.

Pero sí hay cosas de las que me arrepiento, aun cuando sean insignificantes y no incidan en lo que soy y en lo que he sido.

Siento no haber usado mejor las horas de ocio para haber aprendido más de todo; lamento haber hecho sufrir a mi madre, haber sido desagradecido con quienes me ayudaron, de no haber correspondido a quienes me quisieron.

Me arrepiento del tiempo perdido, de los orgasmos rápidos y egoístas, de los engaños, de muchas mentiras, del olvido, el desapego, de mis burlas crueles y de mis silencios antojadizos.

EPILOGO

Alguien me sugirió que escribiera un libro sobre las vicisitudes de mi vida. Me decía que era interesante, dramática, conmovedora, ejemplar. Lo pensé muchas veces. Podía ser interesante y con una buena pluma hasta convertirse en algo digno de leer.

Pero mis ánimos se fueron al tarro de la basura cuando cayó en mis manos la novela "Angela´s Ashes", del escritor irlandés Frank McCourt.

Nunca vi un paralelo semejante. El que relata la historia parecía ser yo mismo. El escenario irlandés de su obra, una calle de Santiago, y su lucha por la vida pudo muy bien ser la mía.

Su madre era el retrato de la mía, con su abnegación, su lucha por proteger y alimentar a sus hijos, muchas veces a través de la limosna o algún sobrante de comida.

El padre del narrador era también un hombre alcoholizado. Como el mío, tenía ideas de izquierda o separatistas, y no se le veía durante semanas mientras sus hijos sufrían hambre, frío y abandono.

Regresaba al hogar cuando no le quedaban fuerzas y el alcohol lo sumía en la inconsciencia para, después, vender lo poco que hubiera de valor en el hogar con el fin de seguir alimentando su vicio.

El personaje de McCourt, como yo, sufrió incluso la muerte de un hermano menor, vivió en la miseria de una casa por donde entraba la lluvia y el frío y donde la familia ni siquiera tenía dónde evacuar sus necesidades biológicas.

También llegó como un inmigrante más a Estados Unidos donde escribe sus memorias, disfruta de la vida y trabaja como profesor.

Pero esa historia es triste. La mía ha querido contar más de felicidad que de lamentos, más de esperanza que desánimo, de éxitos más que de fracasos. Pretende ser optimista y decirte que la suerte está a la vuelta de la esquina. Sólo tienes que dar los primeros pasos y lanzarte a encontrarla.

Sí. Tal vez esa sea la fórmula: tener suerte, como la que yo tuve. Desde mis amigos de la infancia, mi familia, mis profesores, mis colegas, mis compañeros españoles. Salí en su búsqueda y los encontré. A todos ellos les doy las gracias.

Gainesville, Estados Unidos, Mayo de 2014